LA FLANDRE

sous

JEANNE & MARGUERITE

DE

CONSTANTINOPLE

PAR C. R. DAUTREVAUX,

Auteur des Chroniques de Flandre, des Confessions du
dernier Septembriseur, de Philippe de Flandre et
Siméon le Pastoureau, des Bonnets rouges
et Masques noirs, correspondance de
deux émigrés, etc., etc., etc.

WAZEMMES,
Horemans, Imprimeur-Libraire et Lithographe.
1856.

LA FLANDRE

sous

JEANNE ET MARGUERITE

DE CONSTANTINOPLE.

PROPRIÉTÉ DE L'ÉDITEUR.

LA FLANDRE

sous

JEANNE & MARGUERITE

DE

CONSTANTINOPLE

PAR C. R. DAUTREVAUX,

Auteur des Chroniques de Flandre, des Confessions du
dernier Septembriseur, de Philippe de Flandre et
Siméon le Pastoureau, des Bonnets rouges
et Masques noirs, correspondance de
deux émigrés, etc., etc., etc.

WAZEMMES,

Horemans, Imprimeur-Libraire et Lithographe
1856.

LA FLANDRE

SOUS JEANNE DE CONSTANTINOPLE.

(XIII.ᵉ SIÈCLE).

LA BATAILLE DE BOUVINES.

I.

Tandis que Baudouin était proclamé empereur de Constantinople, Jeanne, sa fille, livrée par Philippe de Namur, son oncle, au roi de France, languissait et s'étiolait à la cour de Philippe-Auguste.

Dans un intérêt que l'histoire a fait connaître, le roi français, qui, depuis la mort de Philippe d'Alsace, rêvait la conquête de la Flandre, fit épouser à Jeanne, le fils de Sanche 1ᵉʳ roi de Portugal et arrière-petit-fils de Henri de Bourgogne, qui s'établit en Portugal au temps de la première croisade. Mais, pour faire payer à Ferrand la faveur qu'il lui accordait, en lui faisant épouser Jeanne de Constantinople, Philippe-Auguste retint pour lui les villes d'Aire et de Saint-Omer, qui faisaient partie du domaine de Flandre.

De là, une source de guerres, dans lesquelles Ferrand, de succès en revers, arriva enfin à cette bataille de Bouvines qui devait décider de son sort et de celui des états de Flandre.

L'expédition tentée par Philippe-Auguste contre Ferrand, avait pour but principal de rompre une ligue formée contre la France par Jean-sans-Terre, roi d'Angleterre, et Othon, empereur d'Allemagne (1). Unis déjà par les liens de la parenté, ces deux princes s'unirent de nouveau dans une commune haine contre le roi de France, et ils n'eurent aucune peine à la faire partager par Ferrand, auquel vint ensuite se joindre Renaud, comte de Boulogne.

Au milieu de tous les débats politiques causés par cette levée de boucliers, Jeanne, retirée dans un de ses châteaux (2), passait ses journées en prières, invoquant le ciel, afin qu'il assurât le succès des armes de son époux.

Un matin, qu'elle s'était retirée dans son oratoire pour méditer, vint à elle son écuyer, le sire Raoul de Bretonvillé. C'était un brave et noble chevalier, qui avait gagné ses éperons en Palestine et que Jeanne estimait beaucoup à cause de sa fidélité et de son dévouement.

Lorsque Raoul eut frappé du pied la dalle de l'antichambre qui précédait l'oratoire, Jeanne lui permit d'entrer. Aussitôt, l'écuyer soulevant la lourde tapisserie qui couvrait la

---

(1) Anquetil : Histoire de France.
(2) Le château de Lille.

porte, parut devant la comtesse de Flandre, mit un genou en terre et dit :

— Madame ! voici un message de monseigneur Ferrand, votre glorieux époux.

— Un message ? s'écria Jeanne en quittant son prie-Dieu et en prenant d'une main tremblante le parchemin que lui présentait le sire de Bretonvillé.

Et tandis que celui-ci, par respect, se retirait dans un coin de l'oratoire, Jeanne, lut le message de son époux.

Voici ce qu'il contenait :

« Ma Jeanne bien aimée, Dieu est avec nous.
« Philippe-Auguste, dont l'armée s'avance vers
« la Flandre, compte déjà sans doute que ce
« domaine va devenir sien, et que la fille de
« l'empereur de Constantinople sera trop
« heureuse un jour d'aller encore une fois s'a-
« briter sous la protection de ses hommes d'ar-
« mes. Non, ma Jeanne bien aimée, il n'en se-
« ra point ainsi. La Flandre servira de tombeau
« à nos ennemis et Philippe-Auguste arrosera
« de son sang la terre qu'il aura foulée. Le roi
« des Anglais et l'empereur des Allemands
« sont en ce moment à Valenciennes, où je te
« prie de te hâter d'accourir, car, je ne veux,
« ma noble Jeanne, prendre aucune mesure,
« sans que ta haute sagesse et tes lumières
« soient venues me dicter ma conduite. »

Après cette lecture, Jeanne demeura un moment pensive, puis, elle se retourna vers son écuyer et lui dit :

— Raoul, tenez-vous prêt à me suivre, nous allons à Valenciennes.

— Oui, Madame.

— Vous direz à Bérengère de nous accompagner.

— Mon épouse ?

— Oui, messire ! Peut-être ferons-nous un long séjour et je ne veux point séparer, ne fût-ce que pour deux jours, deux époux qui s'aiment avec une égale tendresse.

— Vous êtes si bonne, madame, que rien n'échappe à votre cœur généreux. — Merci donc de cette faveur ! — Merci, mille fois.

Et lorsqu'il eut pris la main que lui tendait Jeanne, et qu'il l'eut effleurée de ses lèvres, le sire de Bretonvillé quitta l'oratoire pour exécuter les ordres de la comtesse.

Demeurée seul, Jeanne se prit à dire avec tristesse :

— Pauvres rois ! Pauvres peuples ! Quand cesseront vos maux ?.. Quand pourrai-je voir mes vassaux heureux, mon pays tranquille et la Flandre florissante ? — Mon Dieu ! j'accepte encore cette dernière épreuve, ajouta-t-elle avec résignation, fais que le sang soit épargné! Donne à Philippe-Auguste un peu de cette pitié qui manque à son cœur !.. Protège mes nobles et valeureux Flamands, et que la victoire en souriant à leurs armes, me laisse au moins le temps de cicatriser les plaies que la guerre a faites à mon peuple! »

A ces mots, l'âme de la noble comtesse, émue et troublée, traduisit cette émotion et ce trouble par d'abondantes larmes, dont fut en un instant inondé ce visage où se peignaient si bien les vertus chrétiennes de la fille de Baudouin.

Elle était à peine remise de l'état dans lequel l'avaient jetée les maux dont son cœur se sentait brisé, que Raoul frappait une seconde fois à la porte de l'oratoire.

— Tout est prêt, madame, dit l'écuyer.
— Merci, répondit Jeanne.

Et ne prenant que son missel, déposé sur le prie-Dieu, elle alla rejoindre ses pages, ses varlets et ses dames, qui l'attendaient dans la cour.

Montée sur un palefroi richement caparaçonné, entourée de toute sa cour et ayant à ses côtés la femme de Raoul, la jolie Bérengère de Tramecourt, dont la renommée de piété et de savoir remplissait tout le comté, Jeanne de Constantinople prit le chemin de Valenciennes et arriva dans cette ville le 24 Juin 1214.

II.

Sitôt que Jeanne eut pénétré dans Valenciennes, un immense concours de population se précipita vers elle pour lui faire cortège. Malgré les graves questions qui se débattaient dans son sein, cette population acclama avec joie sa bonne comtesse, qu'elle porta en triomphe jusqu'au palais, où étaient réunis les princes coalisés.

Lorsqu'elle mit le pied dans la salle où se délibérait le sort futur de la France, Jeanne fut saluée avec respect par les princes et les nobles gentilshommes d'Allemagne, d'Angleterre et de Flandre, qui étaient réunis là. Assise aux côtés de son époux, elle put voir combien la noblesse flamande comptait de défenseurs ; car à la suite de Ferrand, Jeanne vit rangés, le châtelain de Bergues, celui de Furnes, celui de Gand, celui de Ghistelles ; ceux de Raisse, de Tournay et d'Ypres ; le Vavasseur Baudouin de Comines, les chevaliers Bartholomé d'Auby, Arnould d'Audenarde, Henri de Bailleul, Baudouin, connétable de Flandre, Terrie de Revère, Gilbert et Broissart de Borsèle, Pierre de Brus, Jean de Cysoing, le père de Baudouin de Comines, Gauthier de Froneselles, Rasse de Gavre, de Marleghien, Pierre de Mesnil, Baudouin de Praët, Jean de Selinghien, Gauthier de Sottinghien, Heres de Wavrin, Hélin de Wavrin et enfin Raoul de Bretonvillé, l'époux de Bérengère ; tous gentilshommes portant guidons et bannières (1).

Et à la suite d'Othon et du roi anglais, Guillaume de Salisbury, Othon de Teeklembourg et Conrad de Dortmund, accompagnés d'une foule immense de chevaliers, anglais, bretons et allemands, qui tous brûlaient du désir d'en venir aux mains (2).

Jeanne ne voulut point donner son avis sur la mesure adoptée par les princes coalisés, avant d'avoir appris ce qu'ils comptaient faire en cas de succès.

— Si la victoire me reste, dit Ferrand, l'Ile de France et Paris m'appartiendront.

— Le Vermandois sera mien, ajouta Renaud comte de Boulogne.

---

(1) Roger : Histoire de la noblesse de Flandre.
(2) Girault de Saint-Fargeau : Guide pittoresque.

— Et moi, je prendrai les pays d'outre-Loire, dit à son tour le roi d'Angleterre.

— Le reste m'appartiendra, fit l'empereur en se levant et en posant la main sur son épée. — Le reste m'appartiendra et je saurai le garder, ajouta-t-il.

— Et vos capitaines, messeigneurs! demanda Jeanne en montrant la noble assistance. — Et vos capitaines, qu'auront-ils ?

Un profond silence succéda à cette question. — Ce fut l'empereur qui le rompit.

—Je suis excommunié, et partant, tous ceux qui me servent le sont aussi. Eh bien, voici ce que je propose : Philippe, une fois vaincu, c'est d'exterminer le pape, les évêques et les moines et de ne laisser que les prêtres nécessaires au culte : ces gens-là sont riches ; à nos soldats, à nos braves capitaines leurs richesses et leurs trésors (1).

Un murmure de satisfaction circula dans les rangs des Allemands et des Anglais.

Les Flamands, au contraire, se regardèrent avec épouvante.

Jeanne, si bonne et si pieuse, sentit le rouge de la honte lui monter au visage, et malgré sa douceur ordinaire, une indignation bien légitime éclata chez la fille de Baudouin.

— Nobles seigneurs, dit-elle en se levant, la mesure qu'on vient de vous proposer ne sera jamais approuvée par la fille de cet empereur qui a consacré sa vie à combattre les ennemis de notre sainte religion. Respect aux

---

(1) Auquetil : Histoire de France.

dépositaires de l'autorité ecclésiastique, dont l'auguste pontife qui réside à Rome est le chef suprême, et qui tient son pouvoir de saint Pierre, ce digne apôtre du Christ. Si vous vous rendez complices d'une telle spoliation, ajouta-t-elle en s'adressant aux Flamands, je n'ai plus qu'à me retirer en laissant mon époux libre de ses actes, libre d'agir comme il le jugera dans l'intérêt de la Flandre, qui se meurt de douleur et d'anxiété.

Jeanne fit alors un mouvement pour sortir, tandis que l'empereur, bondissant sur son siège, quitta sa place pour aller engager Ferrand à la retenir.

— Jeanne! Jeanne! dit le comte de Flandre, demeurez!

— Inutile! répondit-elle. Le silence qui vient d'accueillir mes paroles, ne me permet plus de prendre part au conseil. Je me retire.

Et comme la comtesse avait prononcé ces derniers mots avec résolution, les rangs des nobles s'ouvrirent pour la laisser passer et se refermèrent dès qu'elle eut quitté la salle.

Le soir même, elle était de retour au donjon de Lidérick, où elle alla s'enfermer dans son oratoire, en compagnie de Bérengère, dans le sein de laquelle elle put épancher les chagrins que lui causaient les événements qui se préparaient, et dans lesquels sa Flandre bien aimée était menacée de destruction.

III.

On a vu par ce qui précède, que la noblesse flamande était loin d'approuver le projet de l'empereur. Aussi, lorsque la comtesse fut partie, ces gentilshommes n'hésitèrent-ils point à se prononcer contre une semblable mesure. Il ne fallut rien moins que l'ascendant qu'exerçait sur eux l'époux de Jeanne, pour calmer le courroux qu'ils firent éclater à cette occasion. Ils se soumirent sur la promesse qui leur fut faite que les délibérations du conseil seraient annulées, et dès-lors, le partage de la France ne devint plus qu'un acte secret entre les princes coalisés.

Toutefois, comme ils avaient appris que Philippe-Auguste marchait sur la Flandre, ils s'empressèrent de réunir leurs armées, qui furent rencontrées par les Français, dans la plaine de Bouvines, le 27 Août 1214.

Laissons parler l'historien (1) à qui nous empruntons les détails de cette terrible journée.

« Le 27 Août au matin, Philippe-Auguste se dirigeait de Tournai sur Lille, lorsque le vicomte de Melun, et frère Garin de l'hôpital de Saint-Jean, évêque élu de Senlis, qui s'étaient écartés pour reconnaître l'ennemi, avertirent Philippe qu'Othon s'était de son côté mis en mou-

---

(1) Guillelmus Armoricus : Traduction de Girault de Saint-Fargeau.

vement près de Mortain, et que, d'après l'ordre où marchaient ses troupes, ils jugeaient que l'empereur se préparait à leur livrer bataille. Othon avait compté attaquer les Français, après que la moitié de leur armée aurait eu passé le pont de Bouvines jeté sur la Lys. Lorsque ses coureurs atteignirent l'arrière-garde des Français, le roi fatigué du poids de ses armes et de la longueur du chemin, se reposait à l'ombre d'un frêne, à côté d'une église consacrée à saint Pierre. A cette nouvelle, le roi entra dans cette église, et ayant adressé une courte prière au Seigneur, il en ressortit, revêtit ses armes, et, d'un visage joyeux comme s'il était appelé à des nôces, il remonta sur son cheval ; au travers des champs on entendit le cri : *aux armes ! aux armes !*

« Les trompettes retentissaient, les escadrons qui avaient déjà passé le pont, revenaient en arrière ; on fit redemander aussi le drapeau de saint Denis, qui, dans les combats, doit précéder tous les autres, mais, comme il tardait à revenir, on ne l'attendit pas.

« Le roi partit à cheval et se plaça à la première ligne, où une petite élévation le séparait des ennemis. Ceux-ci, voyant contre leur espérance, que le roi était de retour, frappés d'étonnement, tournèrent sur la droite, et s'étendirent à l'occident en occupant la partie la plus élevée de la plaine. Ils avaient le dos au nord, et dans les yeux le soleil, qui, ce jour, éait plus ardent que de coutume. Le roi déploya son armée vis à vis d'eux, occupant une longue ligne au midi de la plaine et ayant le soleil sur les épaules. Les deux armées demeurèrent ainsi quelque peu de temps, offrant deux lignes, à peu près de même longueur, et n'étant séparées que par un court espace.

« Autour du roi, se trouvaient rangés les plus vaillants chevaliers de l'armée française : Guillaume des Barres, Barthélemy de Roye, le jeune Gaulthier, Pierre de Mauvoisin, Gérard Scropha, Etienne de Longchamps, Guillaume de Mortemer, Jean de Rouvrai, Guillaume de Garlande et le jeune comte de Bar.

« Derrière Philippe, se plaça Guillaume le Breton, son chapelain, qui, de concert avec un autre clerc, ne cessa de chanter des psaumes pendant le combat, quoique sa voix fût souvent entrecoupée par les larmes et les sanglots.

« Les Français envoyèrent d'abord un corps de cent cinquante écuyers à cheval, pour escarmoucher avec les Flamands : ces écuyers furent bientôt presque tous démontés ; mais, quand les chevaliers vinrent à heurter contre les chevaliers, les forces furent plus égales ; des deux parts, il était presque impossible de blesser ou l'homme ou le cheval, au travers d'une armure impénétrable ; mais les lances se brisaient en éclats, et de grands coups de sabre, frappant sur les casques et les boucliers, en faisaient voler les étincelles. »

« Tandis que les français criaient, *Mont-Joie et saint Denis*, que les Allemands poussaient leur cri de *Kyrie Eleyson*, on entendait cependant comme dans un tournoi, répéter de part et d'autre, ces mots : *Chevaliers, souvenez-vous de vos dames.* »

« Dans ce combat, on vit se distinguer par une brillante bravoure, le comte Gaucher de Saint-Paul, dont les Français se défiaient, mais qui avait dit lui-même à l'élu de Senlis, qu'il leur ferait voir qu'il était bon traître ; le Vicomte de Melun, qui, comme Saint-Paul, fit une trouée au milieu des ennemis, et revint par un autre endroit, après avoir traversé deux fois leur ligne ; le duc de Bourgogne, qui eut un cheval tué sous lui, et qui, ayant beaucoup d'embonpoint « aurait été fait prisonnier, sans la prompte assistance des Bourguignons. »

« Enfin, après trois heures du combat le plus acharné, tout le poids de la guerre se tourna contre le comte Ferrand. Ce prince, percé de nombreuses blessures, et renversé par terre, fut fait prisonnier avec beaucoup de chevaliers. Il avait presque perdu le souffle par la longueur du combat, lorsqu'il se rendit à Hugues de Mareuil et à Jean son frère. Pendant ce temps, les légions des communes, qui étaient déjà parvenues presque jusqu'à leurs quartiers, arrivèrent de retour sur le champ de bataille avec l'étendard de Saint-Denis, et elles vinrent immédiatement se ranger près du corps de bataille du roi, où elles voyaient l'étendard royal des fleurs de Lys, que portait ce jour là Galon de Montigny, vaillant, mais pauvre chevalier. Les milices de Corbie, Amiens, Beauvais, Compiègne et Arras, passèrent entre les escouades des chevaliers, et vinrent se mettre en bataille devant le roi. — Mais la chevalerie d'Othon, composée d'hommes très-belliqueux et très-audacieux, les chargeant incontinent, les repoussa, les mit en désordre et parvint presque jusqu'au roi.

« A cette vue, les chevaliers qui formaient le bataillon du roi, s'avancèrent pour le couvrir, et le laissant un peu derrière eux, ils arrêtèrent Othon et les siens, qui, avec leur fureur teutonique, n'en voulaient qu'au roi seul. Mais, tandis qu'ils se portaient en avant, et qu'avec une vertu admirable, ils arrêtaient les Allemands, les fantassins ennemis entourèrent le roi et avec leurs petites lances et leurs crochets, ils l'entraînèrent à bas de son cheval, et ils l'y auraient tué, si la main divine et l'excellence de son armure ne l'avaient protégé. Un petit nombre de chevaliers qui étaient restés avec lui, et surtout Galon de Montigny, qui, en agitant son drapeau appelait du secours, et Pierre Tristan, qui, se jetant à bas de son cheval, s'exposant aux coups pour le roi, repoussèrent ces fantassins ennemis, les tuèrent, ou les mirent en fuite ; tandis que le roi, se relevant de terre plus tôt qu'on ne s'y attendait, remonta sur son cheval avec une légèreté qu'on ne lui croyait point.

« Si dans ce moment, ajoute M. Girault, Philippe-Auguste courut un grand danger, l'empereur Othon ne tarda pas à se voir exposé à un péril non moins grave. En effet, les chevaliers français parvinrent jusqu'à lui. Pierre de Mauvoisin saisit même la bride de son cheval ; comme il ne pouvait l'arracher de la foule qui l'entourait, Gérard Scropha le frappa à la poitrine, du couteau qu'il tenait nu à la main ; il ne traversa point l'armure presque impénétrable qu'il portait; et comme il voulait redoubler, le cheval d'Othon, en se cabrant, reçut le coup dans la tête; blessé mortellement à l'œil, il tourna sur lui-même, et prit sa course du côté par où il était venu.

« L'empereur nous montrant ainsi le dos, et nous laissant en proie son aigle et le char qui le portait, le roi dit aux siens : « Vous ne reverrez plus sa face d'aujourd'hui. » Cependant, son cheval avait fait bien peu de chemin, lorsqu'il tomba mort; mais on lui en présenta aussitôt un autre, avec lequel il recommença à fuir. Il ne pouvait plus résister à la valeur de nos chevaliers; en effet, Guillaume des Barres l'avait déjà tenu deux fois par le cou; mais il se déroba à lui par la rapidité de son cheval et par l'épaisseur des rangs de ses soldats.

« La bataille ne finit point par la fuite d'Othon; le comte de Tecklembourg, le comte de Dortmund et plusieurs vaillants chevaliers de l'empereur, firent encore une fois reculer les Français; mais, ceux-ci revenant sur eux en plus grand nombre, les firent prisonniers; alors, on commença à voir fuir le duc de Louvain, le duc de Limbourg, Hugues de Boves et leurs chevaliers, par cinquante ou cent à la fois. Renaud, comte de Boulogne, s'obstinait seul au combat. Il avait disposé en cercle un certain nombre de sergents d'armes à lui; c'était comme une forteresse hérissée de piques, d'où il faisait des sorties brillantes, et où il se retirait quand l'haleine lui manquait pour se battre.

« Enfin, il fut renversé de son cheval, blessé, et il allait être tué, lorsqu'il se rendit à l'évêque de Senlis. Sept cents fantassins brabançons, qu'Othon avait placés sur son front de bataille, y demeurèrent les derniers ; après que tout avait fui autour d'eux, ils opposaient encore aux Français, comme un mur inébranlable. Philippe les fit charger par Thomas de St.-Valery, avec cinquante chevaliers et deux mille fantassins ; ils furent presque tous tués sans abandonner la place.

« La nuit approchait ; Philippe qui craignait surtout de perdre quelqu'un de ses importants prisonniers, fit sonner le rappel aux trompettes ; les Français qu'il rassemblait ainsi, avaient à peine poursuivi leurs ennemis pendant l'espace d'un mille.

« Parmi les prisonniers du roi de France, se trouvaient cinq comtes ; Ferrand de Flandre, Renaud de Boulogne, Guillaume de Salisbury, Othon de Tecklembourg et Conrad de Dortmund, avec vingt-cinq chevaliers bannerets et un grand nombre d'autres d'une dignité inférieure. »

La déroute de l'armée des princes coalisés fut complète et aux noms que nous avons déjà cités, nous devons ajouter celui de Raoul de Bretonvillé, qui dut accompagner à Paris le malheureux époux de Jeanne.

IV.

Pendant tout le mois qui s'écoula depuis son départ de Valenciennes jusqu'au 27 Août, la comtesse de Flandre, ne voulant d'autre compagnie que celle de la pieuse dame de Bretonvillé, passa ses journées, tantôt en prières, tantôt à s'entretenir avec Bérengère des résultats que pouvait amener la lutte qui s'engageait. Ses nuits, plus agitées que ses jours, étaient remplies par des rêves affreux, et de cruels pressentiments venaient l'assaillir sur sa couche désolée.

Un matin, Jeanne se leva plus troublée que jamais, et l'âme inquiète, le cœur brisé, elle fit venir à elle Bérengère.

— Amie, dit-elle à la femme de Raoul, viens me consoler, car je me meurs d'inquiétude. J'ai été toute cette nuit en proie à un songe affreux : J'ai vu Ferrand percé de coups, expirer au milieu de ses soldats massacrés.

— Remettez-vous, madame, répondit Bérengère Peut-être Dieu veut-il vous éprouver et ne vous a-t-il envoyé cet avertissement que pour rendre plus grande la joie que vous éprouverez de revoir votre époux. Ayez confiance, madame, espérez, et Dieu qui est si bon fera triompher vos armes.

— L'espoir ne m'abandonne point, dit la comtesse ; mais, c'est si cruel de n'avoir aucunes nouvelles ; il est si terrible d'avoir à redouter la mort pour des êtres si chers! Mon Dieu ! Mon Dieu !... ajouta-t-elle, qui me sortira de cette perplexité ?...

Et comme la comtesse était tombée à genoux, la figure couverte de ses deux mains et que Bérengère se courbait pour la relever, elles ne s'aperçurent ni l'une, ni l'autre de l'arrivée de trois vénérables prélats, qui venaient de pénétrer dans la salle (1).

Bérengère les vit la première et en prévint Jeanne qui, en se relevant, jeta soudain sur les trois ministres de la religion un regard d'effroi.

L'un deux prit la parole:

— Jeanne de Constantinople, fille infortunée du glorieux Baudouin, nous venons près de vous accomplir un pénible devoir.

La comtesse pâlit.

— Parlez, messeigneurs, dit-elle, j'écoute, et quelle que soit la nouvelle que vous m'apportez, croyez bien que je suis résignée à tout souffrir pour l'amour de Dieu.

— Le roi de France est victorieux !

— Et mon époux? demanda Jeanne avec anxiété.

— Et Raoul?.. s'écria Bérengère, remplie de terreur.

— Ils sont tous deux prisonniers de Philippe-Auguste, répondirent les vénérables prélats.

Bérengère n'eut point la force de supporter ce dernier coup, et elle s'évanouit dans les bras des femmes accourues sur les pas des messagers ; mais Jeanne, cette héroïne élevée à l'école du malheur, se dressa forte et courageuse, semblable à la martyre chrétienne qui attend le coup qui doit lui ouvrir les portes du ciel, et elle écouta jusqu'au bout le récit que lui firent les prélats des péripéties de la journée, dans laquelle le lion d'Angleterre et l'Aigle de

---

(1) Jules Deligne: Eloge de Jeanne de Constantinople.

l'Allemagne avaient été vaincus ; puis, lorsqu'ils eurent cessé de parler, Jeanne demanda à ces hommes, remplis de science et de savoir, des conseils sur les moyens de cicatriser les plaies faites à la patrie. . . . .
. . . .

L'histoire atteste que Jeanne fut à la hauteur des événements de son époque, et que la Flandre lui dut pendant la captivité de son époux, la plupart des institutions civiles et religieuses dont elle put à bon droit s'énorgueillir plus tard.

LE BOIS DES ROCHES.

I.

On doit bien penser que Jeanne eut à lutter contre le mécontentement qui se produisit dans sa noblesse à la suite de la défaite de Bouvines. Ces mêmes hommes qui devaient plus tard marcher à la suite de l'aventurier Bertrand de Rains (1) pour détruire la puissance de Jeanne, firent entendre des plaintes, et sans l'amour que lui portaient ses sujets, sans les bienfaits qu'elle répandait sur son peuple, il n'est pas douteux que la fille de Baudouin se serait vue chassée de ses états : mais, la providence veillait sur la Flandre, et les mécontents furent obligés d'ajourner leurs desseins devant la manifestation des vassaux qui venaient chaque jour faire acte de soumission aux pieds de leur noble comtesse.

Il ne faut pas croire, toute fois, que le pays fut toujours tranquille. Malgré la bonne admi-

---

(1) Ce Bertrand était un ermite de la forêt de Glanchon, qui se fit passer pour l'empereur de Constantinople et dont la fourberie fut reconnue en présence du roi de France, dans le château de Péronne. Livré à Jeanne, il périt sur la roue.

nistration de Jeanne, malgré les franchises qu'elle accordait et les bienfaits qu'elle répandait à pleines mains sur son peuple, des êtres pervers comme en renferment toutes les nations, profitèrent des malheurs publics pour commettre toutes sortes de crimes. Philippe-Auguste lui-même vit ses états du Nord envahis par des bandes furieuses qu'il fut obligé de disperser par les armes. Chassés de la haute Picardie, ces bandes envahirent la Flandre, et nous voyons, que onze ans après la bataille de Bouvines, c'est-à-dire en 1225, le chef redoutable d'une de ces associations, *le Chevalier-noir*, dévastait, pillait, incendiait et massacrait tout ce qui se présentait sur son passage.

L'origine de cet homme extraordinaire, inconnue jusqu'à sa mort, fut pour les pauvres habitants de la Flandre le sujet de toutes sortes de commentaires. Les uns lui donnaient une taille de géant, des yeux qui lançaient des éclairs et un corps couvert d'écailles qui le rendaient invulnérable. Les autres, et c'étaient les plus raisonnables, disaient l'avoir vu à la tête de ses compagnons et racontaient qu'il n'avait rien de surhumain : Seulement, il était de la tête aux pieds, couvert d'une armure noire et portait un casque de la même couleur, dont la visière sans cesse baissée, n'avait encore permis à aucune personne étrangère à sa troupe de voir son visage. Enfin, et pour compléter ce costume lugubre, le chevalier noir se couvrait les épaules d'un long manteau brun qui l'enveloppait entièrement ; de telle sorte que, lorsque la plume qui surmontait le cimier de son casque flottait au vent, il ressemblait assez à ces démons dont parlent les légendes et que l'enfer envoyait en ces temps là, pour tourmenter les pauvres humains.

En l'année 1225, le Chevalier-noir avait établi sa retraite dans les environs de Lille et choisi pour lieu de réunion, une des immenses carrières que renfermait un bois situé à cette époque à une lieue de la ville, sur le chemin de France (1).

La terreur qu'il inspirait dans la contrée était telle, que personne après le coucher du soleil, n'osait sortir de chez soi. C'est qu'aussi, la bande du Chevalier-noir ne s'attaquait pas seulement aux châteaux et aux couvents ; ses entreprises, dirigées quelquefois contre les paisibles bourgeois des villes et même sur les voyageurs imprudents qui se hasardaient la nuit sur les chemins, se multipliaient tellement, que ce n'était point sans frémir d'épouvante qu'on en racontait les tristes et sanglants résultats.

Un soir donc du mois de Juin de cette année 1225, un cavalier, en tout semblable à celui dont nous venons d'esquisser le portrait, faisait gravir lentement à sa monture un chemin rocailleux, qui allait de la Deûle au bois des Roches, lorsque arrivé à la lisière du taillis, il lui fit faire une halte et se mit à écouter comme pour s'assurer si quelqu'un ne l'avait point suivi. Après quelques secondes d'attente, ce cavalier ayant acquis la certitude que les en-

---

(1) Entre N. D. de Grâce et Ronchin, et à peu de distance de Faches.

virons étaient déserts, piqua son cheval, qui partit comme un trait et s'engagea dans les détours du bois, où ils disparurent bientôt tous les deux.

Il y avait à peine dix minutes que ce cavalier avait fait son entrée dans le bois, qu'arrivé à une espèce de fondrière entourée de toutes parts d'ouvertures bizarrement taillées dans le roc, il s'arrêta de nouveau, descendit de cheval, et comme si cet animal eût déjà connu le lieu dans lequel il se trouvait, il se dirigea, malgré l'obscurité, vers une de ces ouvertures et disparut, tandis que son cavalier, peu soucieux de savoir où il allait, marcha du côté opposé et s'engagea dans une ruelle sombre et étroite, résultat d'une tranchée faite dans la pierre, jusqu'à ce que parvenu au fond de cette espèce d'impasse, il s'arrêta devant une porte qui fermait sans doute l'entrée d'une des cabanes que se bâtissaient dans la pierre les artisans employés à son extraction.

Au coup frappé d'une manière toute particulière par le cavalier, avec le pommeau de son épée, la porte s'ouvrit et une jeune fille, à la mine fraîche et rosée, aux yeux pleins de feu et d'une animation extraordinaire, aux cheveux d'ébène qui faisaient ressortir la blancheur de sa peau, le reçut une lampe à la main, et le conduisit, à travers un labyrinthe de galeries et de voûtes, jusqu'à une salle nue comme les autres, mais, au milieu de laquelle se trouvait une table couverte de mets et préparée pour deux personnes.

Le cavalier se débarrassa de son manteau,

s'approcha de la jeune fille à laquelle il tendit la main, puis, tombant assis sur un banc de pierre comme un homme exténué de fatigue, il dit :

— Horrible métier !... Combien je maudis le jour où j'embrassai cette carrière périlleuse, au bout de laquelle je ne vois aucune issue !... Fatale destinée ! Tandis qu'une existence heureuse, entourée de l'affection et des soins d'une famille puissante m'attendait.... il a fallu....

Puis, en se levant, et avec un mouvement d'impatience, il ajouta :

— Allons !... Allons !... puisque le sort en est jeté, puisque je ne puis faire un seul pas en arrière... marchons !.. marchons toujours jusqu'à ce qu'arrivé au bord du précipice, je m'y jette et j'y meure ! ...

— Mon père !... fit la jeune fille en s'approchant de lui et en essayant de le calmer.

— Yolande !.. mon enfant, répondit le cavalier en levant la visière de son casque et en découvrant une figure noble et belle d'expression, quoique profondément sillonnée par des rides prématurées. — Mon enfant, aurais-tu donc entendu mes plaintes?... ajouta-t-il en versant quelques larmes.

— Non, mon père ! répondit la jeune fille ; et lors même que je les aurais entendues, vous le savez... je dois être muette et sourde.... telles sont vos volontés.

— Tu es si bonne ! dit le cavalier en entourant de ses bras la taille d'Yolande. Bonne comme ta mère, dont la mémoire m'est si chère, et qui m'aurait sauvé du péril si elle eût vécu! — Mais, dis-moi ?.. ajouta-t-il, comme cherchant à secouer une idée importune : — Raphaël est-il arrivé ? .

— Pas encore, répondit Yolande en laissant échapper un soupir.

— Oh! voilà un bon et brave jeune homme, dit le cavalier. — Si bon et si brave, que je n'ai pas eu, moi vieux guerrier, la force et le courage de m'opposer à votre amour.... d'empêcher une liaison qui ne peut que vous être fatale à tous deux.

— Mon père! s'écria Yolande à ces paroles.

— Oui, enfant! dis le cavalier ; fatale, je le répète! Un jour, tu connaîtras le mot de cette énigme que tu cherches sans doute depuis longtemps, et tu verras que ton père avait raison.

Un cri aigu comme celui de la chouette et que centupla l'écho du bois, vint interrompre cette conversation.

Le père de la jeune fille, que le lecteur a sans doute reconnu pour le Chevalier-noir, le père de la jeune fille, disons-nous, tressaillit sur son banc.

— Yolande, ce sont eux ! dit-il.

— Peuvent-ils entrer? demanda la jeune fille.

— Oui, répondit le chevalier. Ouvre.

Yolande alla donc ouvrir la porte de la carrière, qui fut bientôt remplie d'une foule de personnages aux costumes bizarres et de toutes sortes de couleurs.

Chacun de ces personnages était armé d'une longue épée et d'une dague, et avait la poitrine couverte d'une cuirasse. Mais ce qui distintinguait plus particulièrement cette troupe, c'était la figure rébarbative de tous ces hommes, dont les yeux fauves et le teint basané, indiquaient assez qu'ils étaient habitués aux fatigues de la guerre, et ne passaient point leur vie dans les entrailles de la terre où nous venons de les voir arriver.

II.

— Salut à maître Simon de Monfort, dit Yolande, en recevant ces gens et en s'adressant à celui qui était à la tête de la troupe.

— Bonsoir, Yolande, répondit celui-ci. Le maître est-il arrivé ?

— Oui, répondit la jeune fille. Il va prendre son repas du soir. Si vous voulez l'attendre, ce sera l'affaire de quelques minutes, vous le savez ?

— Nous attendrons, répondit Simon.

Et suivant Yolande, qui les précéda une lampe à la main, ils se retirèrent dans une galerie spacieuse, et se mirent à causer jusqu'à ce que celui qu'ils appelaient leur maître, eût fini son souper.

Ils étaient à peine réunis dans la carrière, qu'un autre signal appela Yolande à la porte.

Cette fois, la jeune fille tressaillit comme son père lorsqu'il entendit le cri de ses gens. Elle avait reconnu la voix d'une personne chère à son cœur, et légère comme un daim, elle fut en deux bonds à l'ouverture de la carrière, dans laquelle pénétra un jeune homme de vingt à vingt-cinq ans, porteur d'une de ces physionomies qui inspirent au premier coup-d'œil un sentiment indéfinissable, qui invite à un abandon réciproque, et qui avait fait sur Yolande une impression dont son père redoutait, comme on l'a vu, les suites funestes. C'est qu'avec ses cheveux blonds qui lui couvraient les épaules, et l'ovale parfait de sa figure juvénile, avec sa peau blanche à faire envie aux plus grandes dames, ses yeux bleus pleins de douceur, sa pose noble et fière, sa taille élancée et bien prise, Raphaël était ce qu'on peut appeler un cavalier accompli.

Les deux jeunes gens s'embrassèrent avec la plus tendre effusion.

— Yolande ! dit Raphaël, que je suis heureux de te presser sur mon cœur ! — C'est, dans mes longs jours, le seul instant de félicité qu'il me soit permis de goûter.

— O ! mon ami ! répondit la jeune fille, ne me dis point ces paroles avec autant d'amertume, il semble que la vie va t'échapper, à toi si jeune et si beau, toi qui as encore de longues années à vivre.

— Yolande ! Yolande ! répondit tristement Raphaël, dans le métier que nous faisons, est-il permis de compter sur l'avenir ? Qui sait?... demain, je serai peut-être couché dans la tombe !

— Raphaël !... Raphaël !... s'écria la jeune fille en sautant au cou de son amant, et en répandant des pleurs. — Raphaël, ne me dis jamais de semblables choses, tu me ferais mou-

— Oui, tu as raison, répondit le jeune homme, ne songeons qu'au présent et laissons l'avenir aux mains de la Providence. — Aimons-nous, aimons-nous et vivons heureux jusqu'à l'heure......

Il n'acheva point sa phrase dans la crainte d'attrister Yolande de ses pressentiments, qui depuis quelques jours semblaient lui annoncer une séparation éternelle. Il se tut donc, et accompagna la jeune fille jusqu'à la galerie où le Chevalier-noir, qui avait terminé son repas, commençait à s'impatienter de ne pas la voir revenir.

— Pardieu ! dit-il en voyant les deux jeunes gens, je ne m'étonne plus du retard que mettait Yolande à venir me dire ce qui se passe. Eh bien, mon gars ? quoi de neuf, aujourd'hui ? qu'as-tu vu ? qu'as tu trouvé ?..

— Peu de chose, maître ! répondit le jeune homme.

— Encore ?..

— Je suis allé jusqu'à Cysoing, où je suis resté tout le jour.

— Qu'as tu appris ?

— Le mari de la dame est encore prisonnier.

— Je croyais cependant que le roi de France, lassé de le garder, lui avait rendu la liberté.

— On l'a dit en effet.

— Que fait alors ce Raoul, qui laisse ainsi sa femme seule, en butte aux coups de mes gens ?

— Je l'ignore !

— C'est bon ! fit le chevalier en se dressant.

Nous verrons ce qu'il faudra faire, mais j'ai besoin de consulter mes amis.

Le Chevalier-noir quitta la table, et accompagné de sa fille et de Raphaël, il se rendit dans la galerie où l'attendaient Simon et ses compagnons.

III.

Un sourd murmure de satisfaction accueillit le chef de bande. Celui-ci, après avoir jeté un coup-d'œil sur les quarante ou cinquante personnages qui l'entouraient, fit un petit mouvement qui montrait la surprise.

— Tout le monde n'est point à son poste, dit-il en donnant à sa voix un accent qui traduisait son mécontentement.

— C'est vrai, répondit Simon de Montfort. Roger, Martin Rudde et Etienne Leblanc, sont demeurés sur le chemin de Cambrai.

— Que font-ils là? demanda le Chevalier-noir.

— Lorsque je les ai rencontrés, répondit Simon, ils m'ont annoncé le passage d'un frère-lai de l'abbaye de Loos, revenant de Cambrai, porteur d'une somme assez importante.

— Et leur intention?

— Etait de mettre la main sur cet homme et de te l'amener.

— Bien! répondit le Chevalier-noir. Je suis d'autant plus satisfait de cette nouvelle que tu m'apprends, qu'il faut que j'aille bientôt rendre une visite au respectable Baudouin.

— A l'abbé de Loos? demanda Simon avec surprise.

— A lui-même, répondit le chevalier.

— Et tu iras seul?

— Non, pardieu! si Baudouin a sa garde, j'ai la mienne aussi, répondit le partisan en étendant la main vers ses compagnons, et je connais trop les usages et la bienséance pour lui faire l'injure d'arriver chez lui sans compagnie.

— Merci de l'honneur que tu nous fais, dit Simon en s'inclinant.

Un bruit assez semblable à celui du pas de plusieurs chevaux se fit entendre au-dessus de la voûte de la galerie. Toute conversation cessa, et chacun de ces hommes retint sa respiration afin de mieux écouter ce qui pouvait produire ce bruit. Le Chevalier-noir savait bien qu'au-dessus de sa tête, et dans la partie du bois où était située la carrière, on avait pratiqué un chemin qui allait de Seclin à Tournai, mais, il pouvait se faire que ceux qui y passaient en ce moment ne fussent point de sa troupe, et dans ce cas, il devenait prudent de se mettre sur la défensive.

En un instant, et sur un signe du chevalier, toutes les épées sortirent de leur fourreau, et brillèrent à la lueur tremblante de la seule lampe qui éclairait la galerie, dont les trois-quarts étaient dans l'obscurité.

Yolande, habituée cependant au métier que faisait son père, se serra avec épouvante contre Raphaël, qui l'étreignit amoureusement.

Les yeux tournés vers l'entrée du souterrain, les compagnons du chevalier attendirent quelques minutes que les pas des chevaux eussent cessé de se faire entendre, puis, l'un d'eux se détacha du groupe et avança sur la pointe des pieds jusqu'à la porte d'entrée, afin de s'assurer si c'était quelqu'un des leurs.

Bientôt, il entendit une espèce de tumulte dans la fondrière, puis, comme des cris et une voix étouffée, puis enfin, le piaffement des chevaux qu'on y avait amenés et la marche pesante de plusieurs hommes qui réglaient leurs pas les uns sur les autres, comme s'ils étaient chargés de quelque lourd fardeau.

Enfin, arrivés au fond de la ruelle de granit, l'un d'eux frappa à la porte de la même manière que le Chevalier-noir lorsqu'il voulut se faire ouvrir ; mais celui qui était dans la caverne, n'obtempéra point de suite au désir des arrivants, car il leur cria :

— Qui valà ?

— Martin Rudde! répondit celui qui avait frappé.

A ces seuls mots, la porte s'ouvrit encore une fois et livra passage à quatre hommes, tenant sur leurs épaules un énorme paquet qu'ils transportèrent avec toutes sortes de précautions jusque dans la galerie où se trouvaient le chevalier et sa bande.

Arrivés devant leur chef, ils se débarrassèrent de leur fardeau, qu'ils déposèrent avec soin sur la terre humide de la carrière, et une hilarité générale s'empara de l'assemblée à la vue de cet objet, qui méritait pourtant quelque pitié de sa part.

Qu'on se figure un homme, gros, trapu, déjà avancé en âge, emmailloté dans une longue tunique ; les jambes et les bras attachés, comme un poulet qu'on veut mettre à la broche ; le ventre tellement proéminent, que le bâton qu'on lui avait passé de la tête aux pieds entre les liens qui le retenaient, entrait dans cette protubérence, et ôtait au pauvre diable l'usage de la respiration, au point de le rendre cramoisi et de faire croire qu'il allait éclater sous sa peau violette et tendue comme un tambour de gitano.

Tel était l'objet de cette hilarité, qui s'était communiquée comme une étincelle électrique à la foule assemblée autour de lui.

Nous l'avons dit ; cet homme devait plutôt inspirer quelque compassion, que devenir le sujet de la risée de ces bandits ; mais avec les compagnons du chevalier, il n'y avait nulle pitié à attendre.

Le malheureux le savait bien, car au milieu de ses souffrances, il priait Dieu, s'attendant à chaque instant que le chef de la bande allait donner l'ordre de le frapper.

— Tu as fait là une drôle de capture, dit le chevalier à Martin, qui se dressait fièrement en voyant la jubilation de ses amis.

— Non-seulement elle est drôle, mon maître, répondit Martin, mais encore elle est bonne.

Et jetant aux pieds du chevalier un sac de cuir qui rendit en tombant un son argentin dont furent agréablement frappées les oreilles des assistants, il ajouta :

— Ce sac doit contenir quelques centaines

de Philippus d'or (1) et j'ai l'espoir qu'avec un peu d'adresse, ce gros paillard nous dira où nous pourrons en trouver d'autres.

— Qu'on lui ôte ses liens, dit le Chevalier-noir.

Lorsque le pauvre frère fut débarrassé de ses entraves, la respiration lui revint, mais, il ne put se lever de suite, tant ses jambes endolories lui faisaient endurer de souffrances.

Il demeura donc à genoux, les mains jointes, comme un condamné qui s'attend à mourir.

Cependant, lorsqu'après deux ou trois minutes que le chevalier lui donna pour se remettre de sa stupeur, il fut tout à fait revenu à lui et que l'instinct de la conservation eut repris son empire sur le pauvre frère, sa langue, muette jusque là, se délia, et s'adressant au chef de cette troupe, il lui dit:

— Pitié!... merci! Monseigneur! pitié!..

— Ton nom? demanda le chevalier sans répondre à la prière que lui adressait le frère-lai.

— Lorenz, Monseigneur, Lorenz!

— On m'a dit que tu allais à l'abbaye de Loos.

— On vous a dit vrai, monseigneur, répondit frère Lorenz qui tremblait comme un homme saisi d'un accès de fièvre.

---

(1) Monnaie que fit battre Philippe de Flandre. Elle offrait d'un côté une tour montée sur une arcade et le mot: *Philippus*: et au revers une croix recroisetée au cœur par quatre rameaux et le nom *Péronia*.

(P. De Cagny, curé d'Ennemain).

— Ta qualité de pourvoyeur te fait connaître beaucoup de choses?

— Mais non, monseigneur, je vous l'assure, je ne suis que le très-humble serviteur de frère Baudouin, rien de plus.

— Allons, allons, cher frère, dit le chevalier, soyez un peu plus communicatif, que diable !

— Si vous voulez sauver votre peau, il faut parler.

— Ma vie est donc en danger? demanda Lorenz en ouvrant ses yeux, qui, jusque là étaient demeurés fermés, sans doute pour ne pas voir les figures menaçantes qui l'entouraient.

— Comment, cher frère, vous auriez pu croire que votre présence ici ne nous ayant été d'aucune utilité, nous vous laisserions partir comme vous êtes venu?.. Nenni! dà! beau moinillon, dit le chevalier de sa voix rude. — Parler ou mourir !

— Mourir?.. s'écria le pauvre Lorenz, se croyant déjà sous la dague qui devait le trouer. — Mourir? oh! non, non, je vous en prie!...

— Parleras-tu?.. demanda Rudde en le secouant par son capuchon.

— Je parlerai! répondit Lorenz en tremblant d'effroi.

— Voyons! j'interroge, répondez, fit le chevalier en s'appuyant sur sa longue épée, qu'il avait à dessein tirée de son fourreau.

— Parlez ! fit le frère.

— Ta qualité te donne accès dans l'abbaye? demanda le chef.

— Oui !

— Tu dois avoir certaine clé qui ouvre certaine porte ?
— Celle du potager.
— Tu l'as sur toi ?
— Oui !
— Donne-la moi !
— Mais, monseigneur, dit Lorenz avec hésitation ...
— Point de mais !.. fit Martin Rudde en le secouant de nouveau.

Lorsqu'il sentit la main de fer du bandit sur son épaule, le frère-lai ne se fit pas prier une seconde fois, et fouillant dans l'une de ses poches, il en tira une clé qu'il remit au chevalier.

Bien ! dit celui-ci. — Maintenant, autre chose.
— Quoi encore ? demanda Lorenz.
— Tu reviens de Cambrai ?
— Oui !
— Tu allais toucher là une partie des revenus que l'abbaye possède en cette ville.
— Oui !
— Tu vas souvent faire de semblables recettes, n'est-ce pas ?
— C'est vrai !
— Et lorsque tu reviens à Loos ?
— Je remets ces fonds à l'abbé.
— Qui les enferme ?.....
— Je ne sais, monseigneur ! répondit le frère, qui vit bien où voulait en venir le chevalier.
— Tu le sais et tu vas me le dire ?
— Je vous assure..... s'écria Lorenz.
— Tu vas mentir, vieux moine ! prends garde au diable ! fit Martin en employant de nouveau la force de ses doigts, dont il fit entrer les ongles dans la peau du frère.

— Vous avez raison! répondit Lorenz, et j'en demande pardon à Dieu.
— Où Baudouin cache-t-il ses trésors? demanda le chevalier.
— Dans son oratoire.
— A quelle place? fit le chevalier.
— Dans un bahut fermé d'une double serrure et qui se trouve dans un des angles de la pièce.
— C'est bon! — Encore une question.
— Encore!
— Je connais peu les usages du couvent.— Dis-moi ?. Comment les frères occupent-ils leurs journées ?
— A l'aube, vers cinq heures, Matines.
— Bien !
— A huit heures, le saint sacrifice de la messe.
— Ensuite?
— Tierce, Sexte, None, Complies, Vêpres.
— Après?
— La prière du soir.
— Est-ce tout?
— Oui !
— A quelle heure se couche-t-on?
— A dix heures !
— C'est tout ce que je voulais savoir, dit le Chevalier-noir.
— En ce cas, dit à son tour Simon de Montfort, il faut comme d'habitude......?
— Oui, répondit sèchement le chevalier, en quittant le frère, qui ne savait plus que penser et qui s'attendait sans doute à ce qu'on allait lui rendre sa monture et le laisser partir.

— Allons! lève-toi, lui dit Simon.

Le pauvre diable obéit en tremblant.

— Yolande et Raphaël, suivez-moi, dit le chevalier, il est inutile que vous soyez témoins de ce qui va se passer ici. La besogne se fera bien sans vous.

Et quittant la galerie, accompagné des deux jeunes gens, il retourna dans celle où il avait soupé et déposa sur la table le sac de cuir, dont il se mit à compter les pièces d'or qu'il contenait.

III.

Dès que le chef de la bande fut parti, Martin Rudde s'approcha de Lorenz et lui dit:

— Frère, il faut faire ta prière!...

— Ma prière! s'écria Lorenz en ouvrant des yeux où se peignirent la surprise et la terreur.

— Oui, car tu n'as plus que deux minutes à vivre.

— Grand Dieu! exclama le malheureux.

— Tête de bœuf! point de jérémiades! fais ta paix avec Dieu, si tu ne veux que le diable s'empare de ton âme.

— Pitié! je vous en conjure! Laissez-moi la vie! je serai muet, je vous le jure!... mais je vous en prie, au nom du ciel, laissez-moi la vie!

— Impossible! répondit Simon. — Une fois entré ici, on n'en sort plus.

— Dieu! Christ! Sauvez-moi! s'écria

encore le frère en essayant cette fois de s'échapper des mains des bandits. Mais ceux-ci, voyant la résistance qu'il leur opposait, et sachant surtout que le chevalier ne leur pardonnerait par ces lenteurs inutiles, s'emparèrent de nouveau de leur victime, la terrassèrent, et malgré ses prières et ses cris, malgré ses supplications qui auraient attendri des tigres, ils frappèrent le pauvre Lorenz de leurs épées jusqu'à ce qu'il eût rendu l'âme, et le laissèrent gisant dans une mare de sang, pour aller retrouver leur chef, qui, en les attendant, avait fait, du contenu du sac, autant de parts qu'ils étaient de bandits.

— L'affaire est faite ! dit Simon en entrant.

— C'est bien ; que chacun vienne à son tour prendre ce qui lui revient de la capture de ce soir, répondit le chevalier.

Et, passant l'un après l'autre devant la table, les compagnons du chef de la bande empochèrent leur part. Cette opération terminée, chacun reprit sa place, et attendit de nouveau que le chevalier prît la parole.

— Amis, dit celui-ci sans quitter la place où il était assis, j'avais envie d'aller demain à Cysoing ; mais l'affaire de cette nuit dérange mes plans, et c'est aux trésors de Baudouin que nous allons nous attaquer aujourd'hui. Que chacun de vous aille retrouver son cheval et m'attende dans la fondrière. Je suis sur vos pas.

Sans proférer un mot de réponse, les compagnons du chevalier quittèrent la carrière et pour obéir à ses ordres, allèrent retrouver leurs chevaux qui les attendaient en mangeant l'avoine, dont leur écurie, taillée dans le roc, était toujours abondamment pourvue.

Aux premières paroles de son père, Yolande était allée revêtir une armure.

Elle revint bientôt près de lui et de Raphaël qui venait de se couvrir la tête d'un casq. dont la visière, comme celle du chevalier, empêchait qu'on pût voir ses traits.

Lorsque le chef de la troupe arriva à la fondrière, ses gens étaient tous en selle.

Yolande monta le cheval de Lorenz et plaça avec son amant aux côtés de son père, ainsi qu'ils en avaient tous deux l'habitude chaque fois qu'il s'agissait de quelque expédition importante.

Le Chevalier-noir conduisit sa troupe par les détours du bois, jusqu'à la lisière où la plaine commençait ; mais, afin d'éviter quelque rencontre fâcheuse, il eut le soin de ne traverser aucun village, jusqu'à ce qu'arrivé à un quart de lieue de l'abbaye de Loos, il fit faire une halte à sa troupe.

Il était alors une heure du matin.

La nuit était sombre, et nul bruit ne venait interrompre le silence qui régnait dans les campagnes voisines. Le Chevalier-noir profita de l'heure qui lui restait, pour dresser son plan d'attaque. En conséquence, il s'entoura de Simon de Montfort, de Raphaël, de Roger, de Martin Rudde, d'Etienne Leroux et de sa fille, avec lesquels il s'entretint longtemps.

Pendant que le chef de bande organise le pillage de l'abbaye de Loos, pénétrons un moment dans ce monastère, et voyons quel effet y produisit l'absence du frère Lorenz.

L'ABBAYE DE LOOS.

I.

Baudouin, abbé de Loos, était un homme de grand savoir, d'une piété exemplaire, d'une austérité de principes et d'une charité qui l'avaient fait surnommer le père des pauvres. Ce digne religieux, de concert avec Jeanne de Constantinople, ayant cicatrisé les plaies causées par la guerre aux pauvres paysans soumis à leur juridiction, avaient espéré qu'avec l'aide du ciel, tous leurs efforts seraient enfin couronnés de succès, lorsque parut en Flandre le Chevalier-noir, ce fléau dévastateur, qui ne laissait sur son passage que ruines, sang et cadavres.

L'abbaye de Loos, l'une des plus riches de la Flandre, devait nécessairement tenter la cupidité de ces brigands armés; mais Baudouin, en homme prévoyant et à l'exemple de l'abbé de Saint-Germain-des-Prés, eut le soin de faire acheter secrètement des armes et d'engager les frères à s'habituer à les manier, afin de repousser toute agression venant de ces impies. Bien qu'on puisse trouver mauvais qu'un homme de Dieu emploie des moyens aussi terrestres pour combattre ses ennemis, toujours est-il qu'il valait encore mieux que cet homme ceignît l'épée pour défendre non-seulement ses trésors, mais sa religion outragée et le fruit de ses longs travaux, que d'attendre patiemment un martyre dont Dieu ne lui aurait peut-être pas tenu compte, lui qui veut que toute intelligence ne reste point inactive.

Comme on le voit, et d'après les dispositions du chevalier, le combat projeté devait être terrible, puisque, de part et d'autre, on était décidé à se défendre.

Tandis que le chef de bande confère avec ses lieutenants, voyons ce qui se passait dans l'oratoire de Baudouin, dans cette nuit du mois de Juin de l'année 1225, à deux heures du matin.

L'abbé, inquiet de ne point voir revenir Lorenz, avait appelé auprès de lui deux de ses religieux, afin de s'entendre avec eux sur les moyens d'envoyer un émissaire au-devant du frère, et de s'assurer si le malheureux n'était point tombé dans quelque embuscade. Lorsqu'ils entrèrent dans l'oratoire, les religieux trouvèrent leur abbé assis dans un large fauteuil et occupant son temps par une lecture pieuse.

— Dieu soit avec vous, mes frères, dit l'abbé en les voyant paraître.

— Amen ! répondirent les religieux en s'inclinant.

— Je vous ai fait appeler, mes frères, pour vous dire l'inquiétude où je suis de ne point voir paraître frère Lorenz, que j'ai envoyé à Cambrai, et pour vous demander un conseil.

— Si notre très-cher frère est tombé entre

les mains du Chevalier-noir, je ne sais trop ce qu'il faudrait faire pour l'en tirer, répondit l'un des religieux.

— Vous avez raison. Mais si au contraire il était tombé malade en chemin, ne serait-il pas prudent...

— D'attendre le jour et d'envoyer un exprès s'informer dans toutes les hôtelleries qu'il trouverait sur la route, si on ne l'a point vu, répondit l'autre religieux.

— Je crois que c'est le seul moyen, dit l'abbé.

Cette conversation, qui montrait l'indécision des religieux et de l'abbé, fut interrompue par un coup de cloche.

C'était une personne qui demandait à entrer dans l'abbaye.

Les trois religieux écoutèrent un moment, et ils entendirent accourir quelqu'un vers l'oratoire, puis, on frappa d'une manière discrète à la porte, et lorsque l'abbé eut permis d'entrer, un autre religieux suivi d'un paysan dont la figure était toute bouleversée, parurent et s'avancèrent vers le supérieur.

— Qu'y a-t-il donc? demanda l'abbé en relevant le paysan qui était tombé à ses pieds.

— Monseigneur, dit celui-ci, je revenais de Lille où j'étais allé voir mes parents qui habitent la paroisse Saint-Maurice, près de la porte de Fives, et je me rendais à Loos en suivant la rivière, lorsqu'en passant près de la chapelle du chemin de Notre-Dame-de-Grâce, j'ai cru entendre parler derrière une meule de foin, qui est à quelques pas de cet endroit.

— Après, après ! mon ami ? fit l'abbé avec impatience.

— Effrayé, par tout ce qu'on dit du Chevalier-noir, je me suis cru perdu ; mais ayant acquis la certitude que ceux qui parlaient ne m'avaient point vu, je m'avançai doucement jusqu'à la chapelle, où je me cachai dans l'angle de l'un des éperons qui la soutiennent.

— Ensuite ?... ensuite ?... fit de nouveau l'abbé, à qui l'exorde du paysan parut trop long.

— J'étais à peine blotti dans ma cachette, que je vis arriver un grand nombre de cavaliers, lesquels rejoignirent ceux qui étaient près de la meûle. — Oh ! pour cette fois, je n'espérais plus lui échapper.

— A qui ? demanda l'abbé.

— Au chevalier, que, malgré l'obscurité, j'ai reconnu à son costume et à sa plume rouge.

— Le Chevalier-noir ? s'écrièrent les religieux épouvantés.

— Si près de nous ? exclama l'abbé en se levant.

— Si près, répondit le paysan, qu'il est peut-être dans ce couvent à l'heure qu'il est.

— C'est impossible ! fit le supérieur.

— Si, mon père, cela est possible, car, lorsque lui et sa bande quittèrent la meûle, ils passèrent si près de moi en côtoyant la chapelle, que je ne comprends pas comment ils ne m'ont point vu, et j'ai bien entendu le chevalier dire à l'un des siens. — Tu n'as pas oublié la clé ? — Non, a répondu le bandit. —

Puis ils ont tous pris la direction de l'abbaye, où je les suivis jusque dans la prairie, dans l'intention d'y prendre un sentier qui devait me conduire ici avant eux.

— Mes frères, dit l'abbé, Lorenz est mort, et le brigand a entre les mains la clé qui ouvre le potager. — Allez éveiller nos combattants, qu'ils s'arment et s'assemblent dans le cloître, où je vais vous rejoindre, et prions Dieu de bénir nos efforts et de nous donner la victoire sur ses ennemis.

Et prompts comme l'éclair, les religieux emmenant avec eux le paysan, parcoururent les dortoirs, et en moins d'une demi-heure, plus de cinquante combattants furent armés et réunis au lieu indiqué par l'abbé.

Le paysan ne s'était pas trompé ; c'était bien la troupe du bandit qui avait passé près de la chapelle. Le Chevalier-noir, dès qu'il fut arrivé sous les murs du couvent, n'eut pas de peine à trouver la porte par laquelle il espérait y pénétrer. — Lorsque ses compagnons furent dans le potager et qu'il eut donné la garde des chevaux à trois d'entr'eux, il se dirigea vers les bâtiments, où nulle lumière ne se montrait.

— Trompé par cette prévoyance de l'abbé, le chef de bande avança jusqu'à la chapelle du couvent, près de laquelle il fit faire une halte à sa troupe.

L'abbaye était silencieuse comme un tombeau. Nul bruit ne vint trahir la présence d'aucun être humain. Le chevalier jugea que le moment était venu de commencer l'attaque. En conséquence, il donna ordre à ses gens de marcher avec précaution et de le suivre. Il prit donc la direction du cloître, afin de gagner les appartements de l'abbé, mais il ne fut pas plus tôt engagé dans la cour, que les religieux postés derrière les colonnes qui l'entouraient, sortirent tout-à-coup de leur retraite et fondirent avec impétuosité sur leurs ennemis.

La troupe du chevalier, ne s'attendant point à cette agression, surprise d'ailleurs par les religieux qui tombèrent sur elle comme la foudre, eut à peine le temps de se mettre sur la défensive, que déjà cinq ou six de ses membres rendaient l'âme sous les coups vigoureux de leurs adversaires.

II.

Le premier moment de stupeur passé, le Chevalier-noir rassembla sa troupe qu'il accula contre un des bâtiments ; et se groupant le mieux qu'elle put, elle attendit de pied ferme que les religieux fondissent une seconde fois sur elle.

Le choc fut terrible.

Les moines, enhardis par leur premier succès, s'avancèrent résolument vers les bandits ; mais ceux-ci, qui, d'agresseurs, étaient devenus des assiégés, se défendirent avec un tel acharnement, que la cour fut bientôt jonchée de cadavres.

Le Chevalier-noir et Baudouin encourageaient leurs combattants de la voix et du geste ; et au milieu de l'obscurité de cette nuit où nul rayon de lune ne se montrait, les deux partis se seraient entr'égorgés, si les religieux ne s'étaient reconnus à leur costume, dont la blancheur perçait à travers les ténèbres.

Il y avait un quart-d'heure que ce combat sanglant durait, et ni les moines, ni les bandits, n'avaient pu entamer les rangs de leurs adversaires, lorsqu'un singulier hasard décida la victoire en faveur des religieux.

Le paysan, sitôt qu'il fut sorti de l'oratoire de Baudouin, avait quitté l'abbaye, et dans son zèle religieux, était allé jusqu'à Loos, puis de là jusqu'à Notre-Dame-de-Grâce, où il avait éveillé tout le monde et engagé les plus hardis à le suivre : or, une demi-heure après sa sortie du couvent, il y revenait accompagné d'une trentaine de vigoureux champions, armés d'instruments aratoires, et que dirigea le frère portier vers le lieu où l'on se battait.

A la vue de ce secours inespéré, Baudouin leva les mains au ciel pour le remercier; donna de nouveaux ordres à ses frères, et ceux-ci ayant repris courage à l'arrivée des paysans, taillèrent en pièces les trois-quarts de la troupe de Chevalier-noir, lequel reçut dans la mélée un coup d'épée dans la poitrine qui le fit tomber à la renverse.

A ce spectacle de leur chef mourant, les bandits, découragés, et voyant d'ailleurs qu'ils ne pourraient vaincre le nombre de leurs adversaires, tentèrent de fuir ; mais poursuivis par les moines, qui connaissaient mieux qu'eux le théâtre du combat, plusieurs succombèrent encore.

Néanmoins, quelques-uns parvinrent à s'échapper, et de ce nombre furent Simon, Martin Rudde, Yolande et deux ou trois autres. Dès qu'ils eurent gagné le lieu où étaient leurs chevaux, Simon et Martin engagèrent ceux qui les gardaient à les imiter, c'est-à-dire à s'éloigner au plus vite, et quelques minutes s'étaient à peine écoulées que les huit ou dix personnes échappées à ce massacre étaient loin des murs de l'abbaye.

Quant aux religieux, après qu'ils eurent poursuivi le reste de la bande et qu'ils revinrent dans le cloître, ils purent à l'aide de l'aube matinale compter les morts et les mourants. Cinq moines avaient payé de leur vie la défense du monastère et dix autres étaient grièvement blessés. Les pertes du Chevalier-noir étaient beaucoup plus grandes, puisque trente des siens étaient morts ou presque expirants, et que lui-même était prisonnier ainsi que Raphaël, qu'aucune blessure n'était venue atteindre.

Les blessés des deux partis furent, sur un ordre de l'abbé, conduits à la maladrerie, tandis que le chevalier et Raphaël, désarmés, furent conduits dans ses appartements et gardés à vue par quatre religieux.

Dans la matinée de ce jour sanglant, un service funèbre fut célébré pour les morts, et lorsqu'on leur eut donné la sépulture, Baudouin, qui avait été demandé par le chevalier, se rendit au chevet du lit du moribond.

Le partisan souffrait horriblement. Croyant sa fin prochaine, il sollicita avec instance l'abbé de lui faire la grâce de lui administrer les secours d'une religion dont il avait jusque là méconnu les douceurs et l'inépuisable bonté. Lorsque Baudouin entra dans sa chambre, le chevalier, quoique pouvant à peine se remuer sur son lit, tourna la tête vers le digne religieux, dont la figure vénérable et pleine de douceur lui inspira le plus vif désir de lui dévoiler les secrets de sa vie errante et vagabonde.

— Approchez, mon père, lui dit le partisan d'une voix faible ; approchez, et venez entendre ma confession, venez assister au spectacle d'un malheureux pécheur se frappant la poitrine et demandant à Dieu le pardon de ses fautes.

— Mon fils, répondit l'abbé en s'asseyant à ses côtés et en faisant signe aux religieux de garde de s'éloigner. — Mon fils, ne vous fatiguez point, ne laissez point l'impitoyable mort s'emparer de vous sans vous être réconcilié avec le ciel. — Soyez calme, parlez doucement, j'écoute.

Et rassemblant toutes ses forces, le chevalier se souleva et s'appuya sur un de ses coudes, afin de pouvoir se trouver face à face avec son juge.

III.

Leur entretien dura un quart-d'heure à peu près, et sans nul doute l'abbé reçut d'étranges confidences, car il leva souvent les yeux au ciel, et ses lèvres tremblantes d'émotion murmurèrent presque tout le temps que dura la confession, de ferventes prières.

Arrivé à un certain endroit de sa confession au ministre de Dieu, le chevalier, saisi d'une idée subite, s'écria :

— Mon père, pensez-vous que le ciel m'accorde encore quelques heures ?

— Pourquoi cette question ? demanda le vénérable abbé.

— C'est que je ne puis continuer sans la présence de certaine personne......

— Comment ! devant un étranger ?...

— Ce que j'ai à dire n'est plus un crime... un péché à confesser..... c'est une bonne... une généreuse action dont Dieu, je l'espère, me tiendra compte ; mais, il faut qu'il y ait ici.....

Il prononça ces paroles avec une telle exaltation, que l'abbé, craignant de le voir mourir avant d'avoir satisfait à ce désir, lui demanda vivement quelle personne il voulait faire appeler.

— La dame de Bretonvillé, répondit le chevalier.

— Bérengère ? l'amie de la comtesse Jeanne ? fit Baudouin avec surprise.

— Oui, mon père. C'est à elle seule que je puis tout dire, maintenant.

— Elle viendra ! et je vais moi-même... dit l'abbé en se levant.

— Père ! Avant de sortir, encore une prière, dit le moribond.

— Laquelle ?

— On m'a dit qu'un pauvre jeune homme, mon compagnon, est votre prisonnier ?

— C'est vrai.

— Pendant votre absence, permettez que je puisse le voir une dernière fois.

— Je le promets.

— Oh! merci! merci! mon père! Que Raphaël vienne, que la dame de Bretonvillé assiste à mes derniers moments, et que votre bénédiction termine ma vie... Je crois... j'espère que Dieu me fera miséricorde!

Le chevalier, malgré les souffrances que lui faisaient endurer ses blessures, joignit les mains, adressa au ciel une prière pleine d'onction, et tandis qu'il se livrait à ce pieux exercice, l'abbé rejoignit les religieux, leur ordonna d'introduire Raphaël auprès de son chef, fit seller sa mule, s'enveloppa d'un long manteau et prit le chemin de Cysoing, où résidait Bérengère, depuis que Jeanne lui en avait donné le castel, après la mort du châtelain Jean, tué à Bouvines.

Or, ce fut une scène touchante que celle qui suivit la sortie de Baudouin. Raphaël ignorant ce qui allait advenir de sa personne, regarda comme un bienfait du ciel le bonheur de presser une dernière fois sur son cœur, le seul protecteur qu'il eût connu de sa vie, le seul qui eût pris soin de son enfance, enfin le père de celle qu'il aimait.

Le chevalier manqua de s'évanouir, tant la présence du jeune homme rappela à ce moment de souvenirs à sa mémoire.

— Ami, dit le chevalier à Raphaël ; — Mon enfant... mon Yolande ?...

— Elle a pu fuir, répondit le jeune homme.

— Je mourrai donc sans la voir? dit le chevalier en essuyant une larme!. — Mon Dieu! mon Dieu! si j'ai été coupable, comme tu m'en punis aujourd'hui!

— Du courage, mon père, fit le jeune homme. Du courage!

— Ecoute, enfant, dit le chevalier. — Si quelque jour tu recouvres la liberté... ce que j'espère... promets-moi, si tu revois ma pauvre enfant, de lui dire que je meurs en pensant à elle... que je meurs en chrétien... et si tu as conservé quelque attachement pour elle... Vivez comme un frère et une sœur... ne vous unissez jamais. C'est une de mes dernières volontés... celle que je voudrais vous voir respecter!

— Que demandez-vous? s'écria Raphaël avec surprise.

— Tu connaîtras plus tard le motif de ce vœu et tu m'approuveras, mon fils.

— Alors... dit le jeune homme avec découragement, je perds tout dans ce jour fatal.

— Non, mon ami... car tout à l'heure......

Il n'acheva point, de crainte d'en trop dire, et garda le plus profond silence jusqu'au retour de l'abbé, qui n'avait pas mis plus de quatre heures pour faire le voyage de Cysoing, dont il ramenait au couvent la dame châtelaine.

Dès que Bérengère fut arrivée à l'abbaye, Baudouin l'introduisit dans la chambre du chevalier. En la voyant paraître, un sourire de satisfaction vint errer sur les lèvres de cet homme, qui s'écria:

— Enfin ! je ne mourrai donc point sans lui avoir tout dit.

L'abbé voulut faire sortir Raphaël et les deux religieux, mais le blessé fit signe qu'il désirait que ceux-ci restassent ; puis après, avoir embrassé son fils adoptif dont il prit les mains qu'il serra affectueusement, il lui promit de le revoir bientôt.

Et tandis qu'on emmenait Raphaël, l'abbé, Bérengère et les deux moines entourèrent le lit du moribond.

La dame de Bretonvillé, au comble de la surprise, attendit avec anxiété que cet homme extraordinaire et dont la réputation de brigandage avait si souvent porté la terreur dans son âme, commençât à parler, ce qu'il fit en ces termes, après quelques minutes de recueillement :

LA MAISON DE LA PORTE DE FIVES

I.

Pour l'intelligence du chapitre qui va suivre, il faut que le lecteur sache dans quelles limites était circonscrite l'enceinte de la ville de Lille à l'époque où se passe cette histoire. La cité, telle que l'avait fait reconstruire Jeanne de Constantinople après que Philippe-Auguste l'eût détruite, était enfermée entre la haute et la basse Deûle; c'est à dire, du nord au midi, depuis la collégiale de Saint-Pierre, jusqu'à l'église Saint-Etienne; et de l'est à l'ouest, depuis la rue des Foulons jusqu'à la tour Isambart. Au milieu de ce parallélogramme, se trouvait l'île de Buc et son vieux castel. La ville, entourée d'eau, excepté dans la partie comprise entre la porte de Fives et le petit Sault, qui, de la fontaine, allait se jeter dans la Basse-Deûle, n'avait que quatre issues : la porte de Courtrai, celle des Rues au faubourg Saint-Pierre, celle de Weppes, près de Sainte-Catherine, et enfin, la porte de Fives, proche de l'église Saint-Maurice. On peut juger d'après cela, combien elle avait peu d'étendue, puisque Sainte-Catherine, Saint-Sauveur et Saint-Maurice, se trouvaient en dehors de son enceinte.

Le nombre des rues n'était point grand, et lorsque nous aurons nommé celle de Saint-Pierre, de la Grande-Chaussée, de la Basse-rue, Esquermoise, de la Cordonnerie et des Foulons, il n'y aura plus à citer que quelques ruelles sans noms et une place assez spacieuse ; celle du Marché.

Telle était la cité lilloise au 13e siècle.

Ceci posé, nous continuons notre récit.

— Madame, dit le chevalier à la châtelaine de Cysoing, j'ai confessé au saint père mes fautes et mes crimes, mais à vous, il faut que je raconte une partie des détails de ma vie.

— J'ai besoin de vous dire qui je fus, qui je suis, ce que je fis.

Bérengère et l'abbé échangèrent un regard où se peignit l'étonnement.

Le chevalier continua.

— Je me nomme *Gauthier de Lamarche*. Mon père, noble et brave gentilhomme du Hainaut, fut appelé dans ce pays, il y a environ 25 ans, par les guerres dont la Flandre était le théâtre. Il était chargé entr'autres choses de combattre les bandits armés qui parcouraient cette province.

J'étais arrivé à cet âge où le cœur rempli d'illusions cherche à s'épancher dans le sein d'une tendre amie, et malgré ma noblesse, mes regards s'arrêtèrent sur une jeune fille du peuple du nom de Marthe, et dont le père habitait une maison d'assez chétive apparence de la paroisse Sainte-Catherine. J'ignorais quelle profession exerçait Martin, mais tout ce que je puis dire, c'est qu'à l'époque où je connus sa fille, on croyait à Lille qu'il vivait du produit de sa pêche.

Comme le père de Marthe ignorait ma liaison avec elle, je ne pouvais la voir que la nuit et pendant les longues absences qu'il faisait.

Un jour, je partis selon mon habitude de la butte où était amarré mon bateau, près de la porte de Courtrai, et je me dirigeai à travers la forêt de roseaux qui me séparait de celle que j'aimais, vers la paroisse Sainte-Catherine, où était située la maison de son père, sur le bord de la Deûle.

J'y arrivai au moment où le soleil à son déclin se dérobait à mes regards derrière l'église Saint-Etienne. J'attachai ma barque au rivage, je traversai le jardin et je me trouvai bientôt près de Marthe, qui m'attendait selon son habitude et qui me reçut avec des marques non équivoques d'un amour véritable.

Deux heures s'écoulèrent rapidement au milieu des plus doux entretiens, et je me disposais à m'éloigner, lorsque notre attention fut éveillée par un bruit extraordinaire, venant de la route de France. Il nous parut qu'on se querellait et bientôt nous ne doutâmes plus que quelque voyageur attardé ne fût tombé entre les mains des bandits dont les bords de la Deûle étaient infestés.

Je vis Marthe pâlir.

— Qu'as-tu donc? lui demandai-je.

— Rien! répondit-elle dans un trouble extrême.

— Rien! Mais il faut t'éloigner, ajouta-t-elle.

— Pourquoi cela ? demandai-je avec surprise.

— Oh! si tu m'aimes, dit-elle avec un accent qui trahit son effroi. — Si tu m'aimes, Gauthier, tu ne resteras pas plus longtemps.

— Ne dois-je pas au contraire demeurer pour te défendre ? répondis-je en tirant mon épée.

— Oh! non !.. non! ajouta-t-elle en me poussant vers la porte du jardin. — Si tu restes, je meurs, et toi aussi !

Elle finissait à peine ces paroles qui me jetèrent dans une étrange perplexité, lorsqu'un violent coup de marteau retentit sur la porte de la rue, en même temps qu'une voix impérieuse, celle de son père, lui ordonna d'ouvrir.

Il me fut impossible d'obtenir de Marthe aucune explication et je dus me retirer dans le jardin, où, poussé par la curiosité, je me blottis dans l'angle d'un mur, et je cherchai, si par quelque fente des volets, je ne pourrais point jeter un coup-d'œil dans la maison.

N'ayant pu me procurer cette satisfaction, je m'avançai sur la pointe des pieds et l'épée à la main, jusqu'à la porte, où je demeurai cloué, retenant ma respiration : et voici ce que je pus apprendre.

Sitôt que la porte fut fermée sur ceux qui entrèrent dans la maison, une lutte s'engagea, lutte désespérée, entre un homme et vingt autres qui s'acharnèrent après lui.

— Ce n'est pas moi !... Vous vous trompez !.. dit la victime.

— Non... non !... répondit une voix que je reconnus pour celle de Martin. — Ce costume, le manteau qui vous couvre et cette plume qui surmonte votre chapeau .. c'est bien cela.

— Vous êtes trompés par l'apparence, je vous le jure...

Le malheureux n'eut pas le temps de terminer cette espèce de supplication qu'il adressait à ses bourreaux, car j'entendis comme des cris étouffés, le piétinement de plusieurs hommes, puis, comme un râle, qui fut poussé par la victime, puis enfin, des pas qui se dirigèrent vers la porte où j'étais en observation. Jugeant prudent de m'éloigner, je regagnai ma barque, je donnai quelque coups de rame et je me mis en embuscade au milieu des roseaux et des ajoncs, l'œil sans cesse fixé sur la maison du pêcheur.

J'étais depuis quelques secondes à mon observatoire, lorsque j'entendis le bruit que fait en tombant dans l'eau quelque corps pesant. Je pensai qu'on voulait ensevelir dans la Deûle les traces du crime ; et quand j'eus acquis la certitude que les assassins s'étaient éloignés, je quittai la place où j'étais et je conduisis ma barque vers le lieu où je présumais qu'on avait jeté le cadavre de la victime.

Malgré les ombres de la nuit, je parvins jusqu'au malheureux, que la vie n'avait point encore quitté, et qui faisait des efforts inouïs pour échapper à l'élément qui le menaçait d'achever l'œuvre des bourreaux.

Guidé par le clapottement que l'infortuné faisait en essayant de s'accrocher aux herbes qui l'entouraient, j'arrivai heureusement pour mettre un terme à son anxiété.

Me saisir du malheureux, le placer dans

ma barque et quitter ce lieu terrible, fut pour moi l'affaire d'une seconde. Enfin, à force de rames, j'arrivai à la hutte où, une femme à mes ordres m'attendait tous les soirs et à laquelle je dis de faire un grand feu.

Lorsque j'eus transporté le malheureux près du foyer, il parut reprendre ses sens. Je m'assurai si ses blessures étaient mortelles et j'eus la douleur d'apprendre de lui qu'il sentait sa fin approcher.

II.

Tandis que la femme à mon service allait à Lille chercher quelqu'un qui pût secourir cet homme, il me dit d'une voix éteinte et en faisant des efforts inouïs pour parler :

— Messire, vous êtes sans doute un noble chevalier?

— Je suis gentilhomme, repondis-je.

— En ce cas, je puis compter sur votre parole, si vous me la donnez, pour un dernier service que je vais vous demander?

— Oui, messire, parlez !

— Ecoutez donc, ajouta-t-il, après m'avoir dit son nom, afin de faire disparaître le soupçon que j'aurais pu concevoir sur sa naissance et sa noblesse. Ecoutez.... je suis tombé victime d'une méprise dans un horrible guet-à-pens. Je ne sais ce que le ciel me réserve, mais j'ai le pressentiment que je ne passerai point cette nuit.

— Vous pouvez vous tromper, lui répondis-je.

— Quoi qu'il en soit, il y a aujourd'hui dans Lille, une malheureuse femme qui se désole de ne point me voir venir. — Une femme qui, j'en suis sûr, compte en ce moment les heures, les minutes, et qui mourra, si la journée de demain s'écoule sans que j'aie reparu chez elle.

— Et vous désirez?....

— Que je meure ou non, vous vous rendiez près de cette femme et lui disiez.... ..

Une faiblesse s'empara du malheureux, et je crus qu'il allait expirer.

Pourtant, grâce aux soins que je lui prodiguai, et au sang que j'étanchai de ses blessures, il r'ouvrit les yeux et continua.

— Je le sens.... Je n'ai plus que quelques minutes à vivre.... Vous irez à Lille..... ajouta-t-il d'une voix entrecoupée et si faible que j'eus peine à l'entendre.

— Et là .. dans une maison.... en face du portail de la collégiale.... Jeanne Raimbaut... un enfant ... ce pauvre petit.... orphelin!.. pitié!.. pitié!....

Une nouvelle syncope s'empara de cet homme qui n'eut que le temps de murmurer son nom au milieu d'un profond soupir, que je crus être son dernier.

Lorsque la femme que j'avais envoyée à Lille fut revenue, avec la personne qui pouvait donner ses soins au blessé, je m'empressai de demander si on pouvait concevoir l'espérance de le rappeler à la vie, mais le médecin, après avoir palpé le malheureux blessé, me fit de la tête un signe négatif; d'où je conclus qu'il ne me restait plus qu'à remplir la promesse que je venais de faire.

Le laissant donc aux mains du médecin et de la femme, je remis à ceux-ci quelques Philippus d'or pour subvenir aux besoins que réclamait sa position et je pris le chemin de Lille.

Après avoir franchi la porte de Courtrai, je passai le pont du Castel et je fus bientôt sur le parvis de la collégiale. Je m'agenouillai sur la pierre et j'adressai au prince des apôtres une fervente prière, afin qu'il daignât sauver celui que j'avais laissé dans la cabane, et donner à celle que j'allais visiter, le courage de supporter le coup terrible que je devais lui porter; puis, le cœur plus tranquille et en homme qui a le sentiment de remplir une sainte et noble mission, j'allai frapper à la porte de Jeanne Raimbaut.

Sans nul doute la pauvre femme ne s'était point couchée; car bien qu'il fût quatre heures du matin, sitôt que le marteau eut retenti, la porte fut ouverte.

A la vue d'un étranger, Jeanne effrayée recula de quelques pas; mais, lorsque je lui eus dit le nom de celui qui m'envoyait, elle se rassura et me fit entrer dans sa chambre, où j'aperçus dans un coin, et dormant d'un profond sommeil, l'enfant dont m'avait parlé la victime de Martin.

— Messire, me dit Jeanne, pourquoi n'est-il pas venu?.. Que lui est-il arrivé?..

— Rien!.. une affaire importante... répondis-je en balbutiant.

— Oh ! messire, ne mentez pas ! je le connais, nulle affaire ne l'aurait retenu.... Oh ! par grâce, parlez.... dites-moi la vérité ?

— Mais, je vous assure... que rien de fâcheux... et que demain....

— Demain ?.. s'ecria-t-elle. Oh ! vous me trompez, Messire.... et s'il n'est pas venu ce soir... c'est qu'il est mort !...

— Mort ?.. Oh ! non !.. non, madame, ne croyez pas cela.... Je dois vous l'avouer, dis-je afin de rendre moins sensible le coup que j'allais porter à l'infortunée, — il est blessé !...

— Blessé ?.. fit-elle, avec un cri déchirant, blessé ?.. Où est-il ?.. que j'aille le trouver....

— Sa blessure est légère... ajoutai-je en essayant de la calmer.

— Qu'importe, je veux le voir ! s'écria-t-elle en parcourant sa chambre comme une folle. — Je veux le voir... Oh ! dites-moi donc où il est, que j'aille jusqu'à lui ?

— Et votre enfant ? dis-je en le lui montrant.

— Mon enfant ? fit la pauvre mère en interrompant le sommeil de son fils, qu'elle prit dans ses bras. — Viens, viens voir ton père une dernière fois.

— Arrêtez, lui dis-je en la retenant, au moment où elle allait franchir le seuil de la porte de la rue, sans faire attention que son fils était sans vêtements, — arrêtez... vos soins sont désormais inutiles... ajoutai-je, espérant ainsi arriver sans secousses au but que je voulais atteindre.

— Grand Dieu ! s'écria Jeanne en s'arrêtant

subitement et en fixant sur moi des yeux hagards. N'est-ce pas, qu'il est mort ?

— Je ne dis point cela !

— Encore ?... fit-elle, en lançant sur moi un regard qui me glaça d'épouvante.

— Il faut donc vous l'avouer ?

— Il le faut.

— Le médecin l'a condamné.

— Condamné ? s'écria la malheureuse dont le visage devint livide.

— Oui !

— Ainsi donc ?... ajouta-t-elle.

— A cette heure....

— Il n'est plus, n'est-ce pas ? demanda-t-elle en donnant à sa voix un accent indéfinissable.

— Peut-être !... répondis-je en tremblant.

J'avais à peine achevé cette parole de doute, qu'un horrible cri sortit du sein de Jeanne, en même temps que, se laissant aller lourdement sur le carreau, elle y roula avec son enfant qui se mit à pousser des gémissements, à me faire croire qu'il avait reçu quelques coups dangereux pour sa vie. Mais il n'en était rien.

Après l'avoir replacé sur son lit, je revins à sa mère qui gisait à mes pids, mais je ne relevai plus qu'un cadavre.

L'épreuve avait été trop forte et l'avait tuée.

III.

Mon premier soin fut d'aller trouver un vénérable prêtre que je connaissais et de lui tout dire. Ce digne ecclésiastique se chargea de veiller auprès de Jeanne, tandis que je retournerais à ma hutte de la porte de Courtrai. J'en pris donc le chemin, mais aux dernières maisons de Lille, j'aperçus une troupe d'hommes, en tête de laquelle marchait mon père. J'appris de lui, qu'une bande avait été aperçue sur les bords de la Deûle, qu'il venait d'explorer, et qu'il avait été obligé d'incendier une chaumière dans laquelle il supposait que s'était refugié le chef de ces partisans. Je ne doutai plus que le malheureux que j'avais recueilli, n'eût péri dans cette affaire, puisque, la chaumière dont me parlait mon père, était celle dans laquelle je l'avais laissé.

Je donnai une larme à cet infortuné et à la femme à mon service qui avait dû partager son sort, et je revins à Lille. J'adoptai l'enfant comme je l'avais promis, et deux jours après, mon père et moi fûmes obligés de retourner dans le Hainaut — Plus tard, je me mariai... j'eus un enfant aussi... une fille que je ne verrai point avant de mourir.... Je perdis la meilleure des femmes... et je me trouvai par les évènements qui survinrent.... obligé de suivre une carrière.... que je détestais.

Cet enfant de mon adoption, c'est celui qui était ici tout à l'heure, dit Gauthier d'une voix enrouée par les efforts qu'il avait dû faire jusque là. — J'aurais dû l'empêcher de m'accompagner ! j'aurais dû lui tracer une autre route ! le rendre à son père qui existe.... mais, vous l'avouerai-je ?... je l'aime, cet enfant ! et puis, ma fille !... mon Yolande....

Il n'acheva point sa phrase, qui se perdit au milieu de ses larmes et de ses sanglots.

Après une pause de quelques secondes, il ajouta :

— Enfin !... aujourd'hui, je l'ai résolu... je confesse mes fautes... je me repens et je dois restituer l'enfant à son père !

— Quel est-il donc ? demanda l'abbé de Loos qui, aux dernières paroles du partisan, vit bien que son âme allait bientôt quitter la terre.

— Son père !.. dit Gauthier... — Son père ?..

Et prenant la main de Bérengère, qu'il attira vers lui, afin de pouvoir lui dire à l'oreille ce nom qu'il semblait vouloir cacher aux autres.

— Eh bien ! fit celle-ci avec anxiété, le nom ?

Gauthier murmura quelques syllabes, que Bérengère seule entendit ; mais, elle n'eut pas plus tôt reçu cette confidence, que, se détachant du lit vers lequel elle était penchée, elle se dressa tout à coup : sa figure si noble et si belle d'expression devint pâle, ses lèvres tremblantes essayèrent d'articuler quelques paroles, mais ne le purent, et sentant ses genoux fléchir, la châtelaine de Cysoing tomba sans connaissance dans le fauteuil de l'abbé de Loos.

Il serait difficile de se faire une idée de la stupéfaction des assistants, à cette scène muette qui devait renfermer sans doute le mot de quelque énigme bien terrible.

Ce fut Gauthier qui fit cesser ce moment de perplexité.

— Mon père ! dit-il à l'abbé, — faites venir Raphaël, je vous en prie.

La voix du chef de bande était tellement altérée, que Baudouin se hâta de donner des ordres pour que le jeune homme fût amené.

A la vue de Raphaël, la dame de Bretonvillé attacha sur lui un regard rempli de la plus vive curiosité. Celui-ci courut au père d'Yolande, qui, n'ayant plus la force d'articuler un mot, lui tendit une main défaillante, fit un dernier effort pour se lever, et dit à Bérengère en lui montrant son fils adoptif :

— A vous, madame.... à vous.... de continuer....

Ce fut tout ce qu'il put dire, car il retomba pesamment sur sa couche, au moment où, l'abbé étendant sur lui ses mains vénérables, prononçait les paroles mystérieuses qui devaient l'absoudre et lui ouvrir les portes du séjour des pécheurs repentants.

Les assistants ne doutèrent pas qu'il ne fût mort.

Raphaël, ne pouvant supporter ce spectacle douloureux, s'arracha des bras de ceux qui l'entouraient et s'éloigna, le cœur brisé, ne sachant que penser des dernières paroles de Gauthier ; mais, il était à peine rentré dans la cellule qui lui servait de prison, qu'il vit paraître devant lui Baudouin et Bérengère.

Il y avait, sur la figure de l'abbé, tant de douceur et de bienveillance, que Raphaël reprit courage. Mais, lorsque ses yeux s'arrêtèrent sur la dame de Cysoing et qu'il vit sur ses traits altérés les traces certaines d'une grande résignation, ils lui inspirèrent une telle inquiétude, qu'il tomba assis sur sa chaise, attendant avec une sorte d'effroi que l'un de ses deux visiteurs lui adressât la parole.

— Mon fils, dit l'abbé de Loos à Raphaël, l'homme qui, jusqu'à ce jour, vous a servi de père, n'est plus ! — Madame, ajouta-t-il en montrant Bérengère, madame, vient de me dévoiler une partie du secret de votre naissance ; et je dois l'avouer, il n'y a plus pour vous, mon enfant, d'autre espoir que dans la religion, cette mère consolatrice des affligés. — Demeurez donc avec nous. — Changez cette existence malheureuse, contre la solitude du cloître, et Dieu qui de là-haut a les yeux sur vous, Dieu exaucera vos prières et les nôtres, et vous donnera sans doute un jour une place dans le royaume des cieux.

Bérengère et Baudouin attendirent la réponse de Raphaël.

Après quelques secondes de recueillement, celui-ci leur adressa ces paroles :

— Je suis indigne du soin que vous prenez de mon salut; Je sens que le cloître serait pour moi un martyre, car j'ai laissé dans le monde que vous voulez me faire abandonner, une pauvre créature de Dieu, qui m'aime et que j'aime. Permettez que je quitte ces lieux et je vous promets d'abjurer mes erreurs, de mener une vie exemplaire, et d'engager celle dont je viens de vous parler à suivre la route que je vais me tracer ; mais, la laisser seul sur cette terre, l'abandonner lorsqu'elle vient de perdre son père, oh! c'est impossible ; n'exigez pas de moi ce sacrifice ; il serait au-dessus de mes forces.

— Savez-vous donc où se trouve en ce moment cette jeune fille? demanda Bérengère.

— Non, madame, répondit le jeune homme; mais, je la chercherai... J'ai les moyens de la revoir.

— Prenez garde, mon enfant, fit en interrompant Raphaël l'abbé de Loos ; prenez garde, il se peut que votre volonté soit impuissante devant les larmes de cette jeune fille, et alors.... vous retomberiez dans le péché ! Prenez garde !...

— J'appellerai Dieu à mon aide, et Dieu me donnera la force de surmonter les embûches du malin esprit, je l'espère ! Mais, de grâce, et quoi qu'il arrive de moi, ne me forcez point à demeurer en ces lieux.

Bérengère et l'abbé échangèrent un regard d'intelligence.

— Allons, dit la dame de Cysoing, puisque nos paroles ne peuvent avoir aucun empire sur vous, je veux vous donner la preuve que nous n'avons, le saint père et moi, que le désir de vous sauver de l'abîme. Vous allez me suivre à Lille, où je vous donnerai un asile dans lequel vous pourrez vivre heureux et tranquille, jusqu'à ce que vous ayiez pris une détermination qui vous assurera un avenir exempt d'orage. — Confiez-vous à moi... et rien ne me coûtera pour vous faire oublier l'existence périlleuse..... criminelle dans laquelle vous avez vécu jusqu'à ce jour.... Et peut-être que, dans quelque temps.... au lieu du sort affreux qui vous attendait au milieu de vos amis d'enfance, vous marcherez entouré de l'amour et de l'attachement de tous ceux qui vous connaîtront !...

Telles furent les paroles par lesquelles Bérengère essaya de ramener Raphaël à des sentiments plus dignes de la nouvelle carrière dans laquelle il allait entrer.

— Tout ce que vous voudrez, répondit le jeune homme. — Tout ce que vous voudrez, pourvu que je ne sois point obligé d'embrasser une profession pour laquelle, je le sens, je n'ai aucune vocation

— Allez donc ! s'écria Baudouin, en levant les yeux au ciel. — Allez donc, enfant, et ne péchez plus !

Raphaël sentit sa poitrine débarrassée d'un poids insupportable, à ces derniers mots du vénérable Baudouin, et comme les cloches de l'abbaye appelaient les religieux au service divin, il s'y rendit accompagné de la dame de Cysoing.

Tandis que deux moines veillaient au chevet de Gauthier, qui, depuis sa dernière syncope, n'avait fait aucun mouvement et qu'on eut quelque raison de croire mort, la dame de Bretonvillé, suivie de quelques varlets qu'elle avait amenés avec elle, prit le chemin de Lille accompagnée par le fils adoptif du partisan.

Laissons Bérengère et Raphaël cheminer vers le faubourg Sainte-Catherine, laissons les franchir la porte de Weppes et entrer en ville ; et jetons un coup-d'œil sur l'état de la Flandre au moment où s'accomplissent les événements dont nous essayons de donner une esquisse.

Mais pour cela, que le lecteur daigne passer au chapitre suivant.

L'USURPATEUR.

I.

Philippe-Auguste était mort le 25 Juillet 1223, sans avoir voulu rendre la liberté à Ferrand, malgré les prières et les supplications de Jeanne, qui avait fait tout exprès le voyage de Paris pour l'obtenir.

La noblesse flamande, la partie mécontente du moins, lorsqu'elle apprit que le roi de France poussait la rigueur jusqu'à mépriser les démarches de la comtesse, ne vit plus dans l'autorité de Jeanne qu'un fantôme facile à faire disparaître.

Les ambitieux, ceux qu'elle avait, par sa bonne administration, réduits à n'être véritablement que ses grands vassaux, imaginèrent toutes sortes de moyens pour abattre cette puissance qui les gênait, et le hasard, autant que la haine qu'ils portaient à Jeanne, vint à leur aide en lui suscitant un embarras qui faillit, en effet, lui enlever sa couronne comtale.

Ce fut au milieu des troubles qu'occasionna dans la Flandre l'événement dont nous allons nous occuper, que le Chevalier-noir, à l'exemple de quelques nobles seigneurs, s'entoura d'ambitieux et de gens sans aveu, pour piller et rançonner châteaux, couvents et voyageurs.

Déjà la comtesse Jeanne avait eu à lutter contre Bouchard d'Avesnes, ce prêtre apostat, qui n'avait pas craint de souiller la couche de sa sœur (1), lorsqu'on annonça en Flandre le retour de Baudouin, empereur de Constantinople.

Beaucoup de gens doutèrent, mais la nouvelle s'en étant répandue avec la rapidité de l'éclair, et les intéressés la propageant avec adresse, ceux qui hésitaient encore, finirent par se rendre à l'évidence; et dès-lors, ce ne fut plus qu'un concert unanime d'actions de grâces dans toute la Flandre.

La situation de Jeanne était donc des plus critiques. Un miracle seul pouvait la sauver. Mais n'anticipons point.

D'après les récits de témoins oculaires, l'empereur de Constantinople était mort dans une bataille contre les Bulgares. Cette mort avait été attestée par une foule de documents et n'était plus un doute pour personne, lorsqu'en l'année 1225, le bruit se répandit tout-à-coup, que quelques-uns de ses compagnons étaient revenus en Flandre, et qu'ils y vivaient inconnus, les uns, sous l'habit religieux de Saint-François, les autres dans les forêts, au fond desquelles ils s'étaient bâti des ermita-

(1) Marguerite de Constantinople, sœur de Jeanne et femme de Bouchard d'Avesnes, avec lequel elle eut deux enfants, dont l'un devint comte de Hainaut.

ges. On alla jusqu'à dire que Baudouin lui-même, échappé à la mort, se cachait dans la forêt de Glanchon, voisine de Mortaigne, et à quelques lieues de Valenciennes.

Voici ce qui avait donné lieu à cette supposition.

Plusieurs seigneurs de la cour de Jeanne, qui formaient auprès d'elle un parti de mécontents, comme on en voit toujours autour des rois et des princes, profitant de ces bruits habilement répandus, résolurent de les faire servir à leurs desseins ambitieux et d'essayer, par ce moyen, d'anéantir la puissance de la comtesse de Flandre.

A cet effet, et après s'être concerté avec ses amis politiques, un des nobles flamands, Arnould d'Ypres, se dirigea un matin vers la forêt de Glanchon, où il rencontra l'ermite dont on avait fait un Baudouin, lequel sortait de sa cellule, ne se doutant nullement de l'honneur qu'on allait lui faire.

Arnould s'avança jusqu'à l'ermite, le salua profondément et lui dit :

— Messire ! quelle joie de vous revoir !

L'ermite crut avoir affaire à un fou.

— Permettez, ajouta le flamand en fléchissant le genou devant l'anachorète ébahi ; permettez à un fidèle sujet de venir déposer à vos pieds son hommage et sa foi !

— Relevez-vous, Messire, dit à son tour l'ermite, voulant par là flatter la manie de celui qu'il croyait privé de raison ; relevez-vous, et croyez, seigneur, que si vous éprouvez quelque plaisir à me revoir, je n'en ai pas moins que vous, après une aussi longue absence.

Cette fois, le flamand fut décontenancé.

— Par le ciel ! que dit-il, murmura Arnould entre ses dents ; serait-ce par hasard que, ce que je regarde comme une fable, serait la vérité ?

Et tout en conservant sa position, il ajouta :

— Mais, seriez-vous pas peut-être l'empereur Baudouin (1) ?

A cette demande, le pauvre ermite demeura stupéfait. Il changea de couleur, puis, ses yeux s'illuminèrent d'une telle façon, qu'il était facile de deviner qu'une idée subite venait de lui traverser l'esprit. Il essaya cependant de relever le chevalier flamand, mais, celui-ci s'en défendit et ajouta :

— Non, messire, je ne me releverai point, que vous ne vous soyez décidé à trahir cet incognito, qui prive votre peuple de son prince légitime. — Oui, messire, vous avez été reconnu, vos fidèles vassaux vous réclament. — Oui, vous êtes bien ce Baudouin, ce courageux empereur de Constantinople, que tout le monde pleure et que le ciel a daigné conserver à notre amour.

— Puisqu'il en est ainsi, répondit l'ermite, il est donc inutile que je me cache plus longtemps. — Mais, croyez-vous que la noblesse de Flandre voudra voir dans le pauvre anachorète, le père de sa noble comtesse ?.. Ne me traitera-t-on point d'aventurier et d'imposteur, si je viens un jour réclamer mes droits sur le comté ?

---

(1) Oultremann, historien valenciennois.

Arnould, pris au piége de l'ermite, ne sut trop que répondre. Bien que certain du concours de ses amis, il n'osa répondre d'une manière affirmative.

Cependant, comme il s'était trop avancé pour reculer, il dit à l'ermite.

— Messire, permettez que je vous quitte, et que j'aille en conférer avec vos nobles vassaux. Demain ou après-demain au plus tard, à l'heure de minuit, nous frapperons à la porte de cet asile, que vous vous êtes choisi, et nous aviserons au moyen de vous rendre ce comté qui est le vôtre.

Et baisant avec respect la main sèche de l'ermite, Arnould, plus troublé que lorsqu'il était venu, regagna Valenciennes.

Quant à celui qui était appelé à jouer le rôle du défunt empereur de Constantinople, lorsqu'il fut rentré dans sa cellule, il réfléchit aux chances que pourrait avoir pour lui un mensonge bien soutenu ; et le résultat de ses méditations, fut que s'il était secondé par la noblesse flamande, il irait jusqu'au bout, sauf à prendre plus tard une détermination, selon le lieu et les circonstances.

II.

Ainsi que l'avait promis Arnould d'Ypres, dans la nuit du lendemain, la forêt de Glanchon fut sillonnée par un grand nombre de cavaliers qui arrivèrent à l'ermitage par des directions opposées.

Le rendez-vous avait été donné dans un lieu voisin de la cellule de l'ermite, sur une vaste pelouse, au centre de laquelle s'élevait un chêne de la plus grande dimension, lequel couvrit de ses branches les trente ou quarante cavaliers qui venaient d'arriver.

Lorsque tout le monde fut réuni là, Arnould alla frapper à la porte de l'ermitage, qui n'était éloigné de la pelouse que d'une centaine de pas.

L'ermite était debout et attendait.

— Messire, dit le flamand, votre noblesse, réunie par mes soins, vous attend; daignez venir.

Et sans proférer une parole, l'ermite suivit Arnould.

En présence de ces guerriers couverts de leurs plus brillantes armures, devant ces costumes éclatants d'or et que la lune vint éclairer de ses rayons, l'ermite perdit quelque peu contenance ; mais, au milieu de la demi-obscurité que l'astre des nuits projetait en le frappant de dos, il put cacher son émotion et les nobles ne virent point le trouble dont son visage était couvert.

Une espèce de hourra de satisfaction accueillit l'anachorète. Confus de ces marques d'affection, il dit en se plaçant au milieu des nobles flamands :

— « Merci, mes seigneurs, de ces souvenirs touchants. Merci, pour l'empressement que vous avez bien voulu mettre à venir vous ranger autour de votre vieux maître. Il a bien souffert, il a bien combattu, mais tous ses maux s'effacent en vous voyant. Je voulais bien me montrer à vous; mais qu'eussiez-vous dit, si le hasard ne m'avait fait reconnaître? Vous m'eussiez traité d'imposteur. Ma fille, ma chère Jeanne elle-même, à qui l'on a fait parvenir la fausse nouvelle de ma mort, m'eût peut-être repoussé.... et alors c'eût été pour moi une bien grande affliction ! — Oui, messeigneurs, j'eusse préféré vivre et mourir au fond de ces bois, que de me voir chassé par mon enfant et méprisé par vous ! »

Cette allocution qui ne manquait point d'adresse, fut accueillie avec enthousiasme. Les plus âgés des seigneurs flamands qui avaient vécu autrefois à la cour de Baudouin, furent les premiers à reconnaître, dans le visage amaigri de l'ermite, les traits du comte qu'ils pleuraient ; et grâce à la longue barbe blanche qui couvrait une partie de la figure du nouvel empereur, ils furent complètement trompés, et l'accueillirent de bonne foi.

Tout avait été prévu par le seigneur d'Ypres.

Dès qu'il n'y eut plus de doutes dans l'esprit des nobles assemblés sur l'identité du comte, qui, pour cela, leur avait raconté son séjour chez les Sarrazins, sa bataille contre les Bulgares et sa délivrance miraculeuse, ils le conduisirent avec tout le respect dû à son rang, jusqu'à l'ermitage, où ils lui donnèrent un costume complet avec écusson à ses armes. L'ermite revêtit la dalmatique brodée, posa sur sa tête le casque surmonté de la plume rouge, puis les

Flamands le firent monter sur un palefroi richement caparaçonné.

Tous ces préparatifs terminés, le soleil commença de paraître.

Cette troupe de seigneurs, au milieu de laquelle Baudouin, objet de tous leurs soins, s'habituait à la nouvelle vie qu'il allait mener, prit le chemin de Mortaigne où elle arriva dans la matinée.

Dès que la nouvelle en fut répandue, toute la population accourut au devant de Baudouin, se prosterna à ses pieds. *Beaucoup pleurèrent de joie, de revoir leur prince remis en ses états, après tant et tant d'infortunes* (1).

Il quitta bientôt Mortaigne, pour se rendre à Tournai et de là à Valenciennes, où lui furent préparées les réceptions les plus brillantes.

Il visita tour à tour Lille, Gand et Bruges, le front ceint de la couronne et ses épaules voûtées couvertes du manteau de pourpre; créant des chevaliers, distribuant des fiefs et attachant son sceau à des chartes, à des diplômes (2). L'autorité de Jeanne fut à ce point méconnue, dans la ville de Bruges on se livra à de telles démonstrations de joie et d'allégresse, que les mémoires du temps disent que : *les Brugeois en devinrent presque fous.*

De ce moment, l'ermite de la forêt de Glanchon oublia son origine, et se crut véritablement le maître de toute cette population qui

---

(1) Chronique d'Oultremann.
(2) Jules Deligne. Éloge de Jeanne de Constantinople.

venait embrasser ses genoux et jeter des fleurs sur son passage.

Pourtant, il n'avait point encore été mis en présence de Jeanne, et ses partisans, en soulevant les populations en sa faveur, eurent le soin de les éloigner le plus qu'ils purent ; mais, de telles ovations ne devaient pas rester longtemps un mystère pour la comtesse de Flandre.

Elle était en ce moment au Quesnoy, où Louis VIII avait envoyé auprès d'elle Mathieu de Montmorency, Michel de Harnes et Thomas de Lampernesse, pour y traiter d'affaires.

Un matin, son écuyer favori, celui qui avait remplacé auprès d'elle l'époux de Bérengère, entra chez Jeanne. Il était troublé et pouvait à peine trouver une parole. La comtesse, le voyant en cet état, lui en demanda la cause.

— Madame, vous me voyez bien marri, répondit l'écuyer, je viens d'apprendre une nouvelle qui va bien vous surprendre.

— Laquelle?

— C'est que votre honoré père, Messire Baudouin, que vous croyiez mort, est revenu en Flandre.

— Mon père! est-ce possible? s'écria Jeanne toute perplexe....

— Oui, madame. Il a déjà visité Bruges, Gand, Lille, Valenciennes, où toute la population crie en ce moment : vive Baudouin, vive notre sire, le comte de Flandre !

— Mon père?... dit la comtesse qui devint pensive. Mon père? je serai heureuse de le revoir, mais alors, le récit de sa mort est donc un mensonge ?

— On se perd en conjectures, répondit l'écuyer, et je viens, madame, prendre vos ordres.

— Faites venir céans le seigneur de Matheren, gouverneur de Valenciennes, dit Jeanne ; c'est un docte homme et un bon conseiller, je le veux voir.

Et laissant la comtesse en proie à la plus vive agitation, l'écuyer alla prévenir le gouverneur qui se rendit de suite auprès de la comtesse.

Le seigneur de Matheren, instruit déjà par la rumeur publique, n'eut plus qu'à confirmer la nouvelle apportée par l'écuyer ; puis, après s'être concerté avec la comtesse de Flandre, on convint de dépêcher un héraut vers Baudouin.

L'envoyé partit donc, porteur d'un parchemin adressé au père de Jeanne, qu'il trouva à Bruges, où il trônait au milieu de sa noblesse, se donnant des allures de potentat. Lorsqu'il eut été admis en présence du comte, qu'il salua profondément, l'envoyé lui remit la lettre de Jeanne. Elle était ainsi conçue :

« Messire,

« S'il est vrai que vous soyez celui que je
« pleure depuis longtemps, venez auprès de
« votre fille ; faites-lui l'honneur de vous
« rendre au Quesnoy, afin que vous soyez re-
« connu d'elle et de sa cour. »

JEANNE de Constantinople,
Comtesse de Flandre.

Les nobles qui entouraient le comte, se regardèrent, et firent à celui-ci des signes par lesquels il comprit qu'il ne fallait point céder à cette demande.

Enhardi par eux, il répondit à l'envoyé :

— Messire, je suis surpris que ma fille ne soit pas venue elle-même embrasser son vieux père. Sa lettre, peu respectueuse, me force à vous dire que je n'irai point à elle, si elle ne vient à moi.

Le héraut, tout déconfit d'une semblable réponse, alla redire ces paroles à la comtesse.

Elle avait à ce moment le sire de Matheren à ses côtés.

— Madame, dit celui-ci, permettez que je vous tire de la perplexité dans laquelle vous met tout ceci. Je crains bien qu'il n'y ait dans cette affaire une haine obscure contre votre seigneurie. Car enfin, où sont tous ces nobles dont vous étiez entourée ? Que vous reste-t-il ? Quelques fidèles comme moi, tandis que toute cette jeunesse turbulente vous a abandonnée pour aller faire sa cour à cet homme, qui n'ose venir jusqu'ici affronter vos regards. — Permettez donc que j'agisse et que je dénoue cette intrigue.

— Faites... faites comme vous le jugerez, messire, dit Jeanne, qui ne connaissait aucun autre moyen de sortir de ce mauvais pas. Puis, un moment après, et comme par réflexion, elle ajouta : — Mais, enfin, si c'était mon père ?

— Si c'est lui, madame, vous l'aimerez et nous l'honorerons comme notre seigneur et maître ; mais si c'est un imposteur, nous le démasquerons.

— Eh bien, je me fie à vous, ajouta-t-elle.

Fort de ces paroles, le sire de Matheren alla réunir quelques-uns des frères mineurs qui avaient fait avec Baudouin les guerres du levant, et les conduisit à l'évêque de Senlis, puis, à Louis VIII, roi de France.

Partout, ces religieux attestèrent que Baudouin était mort en Valachie, qu'ils l'avaient vu de leurs yeux, frappé de plusieurs coups, tomber de son cheval, et firent à ce sujet les plus solennels serments sur les saints évangiles.

Louis VIII, suzerain de Flandre, voulant faire cesser un scandale qui menaçait de couvrir de sang et de ruines les états de Jeanne, se rendit à Péronne avec sa cour et somma Baudouin d'avoir à comparaître devant lui.

Le roi de France alla se loger dans le château, où vinrent le rejoindre le lendemain, l'évêque de Senlis et tous les prélats qu'il avait invités, pour venir l'assister de leurs conseils.

III.

La noblesse flamande et son chef auraient pu refuser de comparaître, mais alors, le roi de France les eût traités en vassaux révoltés; et ils reculèrent devant cette perspective. Il fut donc convenu que Baudouin se présenterait devant Louis VIII accompagné de ses plus fidèles, et que s'il sortait victorieux de la lutte, comme on l'espérait, les Flamands courraient sus à tous ceux qui refuseraient de le reconnaître, fût-ce sa fille elle-même.

Après avoir traversé Lille et Cambrai, recevant partout des marques de tendresse et d'amour, Baudouin, entouré de quelques centaines de cavaliers, fit un matin son entrée à Péronne par le faubourg de Bretagne.

Par respect pour son âge et pour les seigneurs qui l'accompagnaient, le roi voulut bien leur accorder un gîte dans le château, où Baudouin fut logé dans la tour d'Héribert et dans la salle où était mort autrefois l'infortuné Charles III.

Lorsqu'il apprit cette circonstance, un triste pressentiment s'empara de lui.

Pourtant il passa une bonne nuit, ayant eu la précaution de se faire garder par quatre de ses plus fidèles seigneurs.

Le lendemain, la grande cour du château de Péronne fut décorée de tapisseries et de bannières aux armes de la France. Une estrade placée au fond de cette cour, fut entourée d'escabeaux pour les prélats et les chevaliers français qui formaient la cour de Louis VIII. Enfin, tout avait été préparé pour donner à ce jugement toute la solennité possible.

Après le repas du matin, les trompettes retentirent, et bientôt la cour fut remplie de monde, attendant la présence du roi.

Enfin, celui-ci parut suivi de sa cour et des prélats, et alla prendre place sur son trône.

Lorsque la rumeur causée par son apparition eut cessé, le roi donna l'ordre d'introduire le comte de Flandre.

Il descendit de la tour Héribert, accompagné de sa noblesse, et vint se placer sur un escabeau en face de son seigneur suzerain le roi de France.

Louis VIII prit la parole en ces termes.

— Vous êtes traduit devant nous, pour faire vos preuves, relativement à votre identité, que conteste Jeanne de Constantinople, comtesse de Flandre. De grands et nombreux témoignages attestent que Baudouin, comte de Flandre et empereur de Constantinople, a été tué dans la guerre contre les infidèles. — Comment se peut-il, alors, qu'il soit devant nous ? Parlez !

— On m'a cru mort, mais le ciel m'a permis de vivre. Je n'ai d'autre preuve à vous apporter, Messire, que les particularités dont je vais vous entretenir.

Et comme il avait appris de ses seigneurs différentes choses, tant sur la vie intime de Baudouin, que sur les incidents de sa jeunesse, il raconta au roi de si étranges histoires, que ce prince, partageant les convictions de l'assemblée, allait proclamer ses prétentions justes et légitimes, lorsque l'évêque de Senlis, qui jusque là avait gardé le silence, demanda à Louis VIII la permission de faire à son tour quelques questions.

Le roi la lui accorda.

— En quelle ville, demanda l'évêque à Baudouin, en quelle ville avez-vous épousé la comtesse de Flandre ?

L'ermite, qui n'était point préparé à cette

question, regarda autour de lui et ne sut que répondre.

Le roi, le voyant hésiter, ajouta à son tour :
— En quel lieu avez-vous fait hommage du comté de Flandre ?

L'ermite ne répondit rien. Le roi continua :
— Dans quelle ville avez vous reçu le titre de chevalier ?

A cette dernière question, l'ermite de la forêt de Glanchon perdit tout à fait contenance, balbutia quelques paroles sans suite et fut tout à fait confondu.

Les Flamands de bonne foi furent terrifiés, mais ceux qui ne croyaient point, ne montrèrent ni surprise ni crainte Ils attendirent.

Le roi, convaincu de la fourberie du faux Baudouin, ordonna qu'on le conduisît à la tour et qu'il fût gardé à vue jusqu'au lendemain. L'ermite ne songea plus, dès-lors, qu'à se soustraire par une prompte fuite au châtiment qui lui était réservé. Aussi lorsqu'à l'aurore, on vint pour le tirer de sa prison, la trouvat-on vide. Il avait fui par une fenêtre donnant sur les fossés du château, emportant avec lui l'argent et les bijoux que lui avaient confiés les seigneurs flamands.

Louis VIII se hâta de mettre à sa poursuite un grand nombre de cavaliers ; et, après plusieurs recherches infructueuses, on parvint enfin à le découvrir dans le village de Rougemont, en Bourgogne.

On apprit là que cet homme n'était autre que Bertrand Cordel, fils de Pierre Cordel, né à Rains et vassal de messire Clérambaud, seigneur de Capes. Il avait exercé dans son jeune âge le métier de jongleur et de ménétrier, et ne s'était fait ermite que pour se livrer plus à son aise au péché de paresse, qui était son défaut dominant.

Dès qu'il fut entre ses mains, le roi de France le livra à la comtesse Jeanne, qui le fit conduire sous bonne escorte à Lille, pour y être jugé, et où il arriva le jour même où Bérengère et Raphaël y firent leur entrée, après qu'ils eurent quitté l'abbaye de Loos.

LA RUE DES FOULONS.

I.

Avant de pénétrer dans Lille avec nos voyageurs, voyons quels furent les incidents de leur voyage.

Il était presque nuit, lorsque la petite caravane traversa le Buquet, pour gagner la route de Dunkerque, qui devait la conduire à Sainte-Catherine et de là vers la porte de Weppes; elle ne fut donc en ville que lorsque les ténèbres eurent tout à fait enveloppé la terre.

Raphaël, incertain sur son sort futur, laissait aller son cheval à côté de celui de Bérengère, et avait pendant toute la route reporté ses pensées sur les événements de la journée.

De son côté, Bérengère, qui jetait de temps à autre un regard plein de tendresse sur le jeune homme, était elle-même pensive et rêveuse.

Quant aux varlets, insouciants, et ne prenant nul intérêt à ceux qu'ils accompagnaient, tous leurs soins se bornaient à leur frayer la route, jonchée partout de pierres et d'aspérités qui la rendaient difficile

Aussi, ni Raphaël, ni Bérengère, ni les varlets ne s'aperçurent que depuis le ruisseau du Buquet, deux personnes cachées derrière un buisson d'aubépine et qui en étaient sorties sitôt qu'elles les eurent vus, les avaient suivis jusqu'à Lille, où elles arrivèrent en même temps qu'eux.

Après avoir passé devant l'église Saint-Etienne, et traversé la place du marché, Bérengère, prit une ruelle à gauche, dans l'angle du carré que formait cette place, jusqu'à ce qu'arrivé à la rue des Foulons, elle mit pied à terre. Raphaël et les varlets en firent autant et descendirent la rue, plus rapide alors qu'elle ne le fut plus tard, en tenant à la main la bride de leurs chevaux.

Bérengère s'arrêta devant une maison d'assez belle apparence, et qui touchait à la grille dont était fermée alors la rue des Foulons, sur le petit Saulx, lequel se jetait en cet endroit dans la basse-Deûle. Au léger coup de marteau frappé par l'un des varlets, une femme d'une cinquantaine d'années parut, et sembla fort surprise de voir arriver la châtelaine à une pareille heure.

— Damoiselle! s'écria la femme, qu'y a-t-il donc, mon Dieu, que je vous vois si tard?

— Rien! rien! ma bonne nourrice, répondit Bérengère. Ne t'épouvante pas. Je t'amène un cavalier, dont je te prie d'avoir le plus grand soin. Je n'ai pas d'autres ordres à te donner, sinon que je désire qu'il soit traité comme moi-même.

— Damoiselle, soyez certaine que je vous obéirai.

— Je le sais, répondit Bérengère, aussi est-ce pour cela que je t'ai choisie de préférence à toute autre.

— Merci, damoiselle, répondit la nourrice de la dame de Cysoing ; merci !

Raphaël fut conduit par la châtelaine dans une chambre à l'étage supérieur. Cette chambre était celle qu'elle occupait, chaque fois que ses dévotions la retenaient à Saint-Pierre et que la comtesse Jeanne n'habitait point le château de Buc. Dès qu'il y fut installé, elle lui dit :

— Raphaël, une nouvelle existence va commencer pour vous ; existence de bonheur et de joie, si vous êtes fidèle à votre parole, car j'ai l'espoir qu'avant peu vous jouirez de toutes les faveurs que le ciel dispense sur la terre.

— Oh! madame, répondit Raphaël avec mélancolie, du bonheur, à moi, pauvre enfant perdu, qui n'ai ni parents ni amis en ce monde ?

— Raphaël! fit la châtelaine, vous n'avez point d'amis, dites-vous ? Et moi donc!...

— Oh! madame, pardonnez, pardonnez, je suis injuste.....

— Quant à vos parents.....

— Je n'en aurai jamais, répondit Raphaël en soupirant.

— Peut-être!... dit la châtelaine en pressant la main du jeune homme avec effusion, en même temps qu'une larme roula sur ses joues, qu'une vive rougeur vint animer.

Ces derniers mots avaient jeté Raphaël dans un si grand trouble, qu'il ne s'aperçut de la disparition de Bérengère, que lorsqu'elle était déjà dans la rue des Foulons, dont elle montait péniblement la côte, en compagnie de ses varlets, pour se diriger vers le château de Buc. A cet effet, elle suivit la rue des Foulons jusqu'à la porte de Courtrai, prit ensuite la rue Saint-Pierre, jusqu'au pont du Castiel, qu'elle franchit, pour entrer dans l'île de Buc et se diriger vers le château, où Jeanne était déjà depuis deux jours pour faire instruire le procès de l'imposteur Bertrand de Rains.

Dès que Jeanne eut appris l'arrivée de son amie, elle la fit demander, ayant, disait-elle, à lui annoncer une heureuse nouvelle. Bérengère y courut, et toutes deux s'enfermèrent afin de pouvoir donner un libre cours à leurs épanchements.

II.

Raphaël resté seul dans la chambre que venait de lui donner pour demeure la dame de Bretonvillé, ne put s'empêcher de songer à l'instabilité des choses humaines ; lui qui, hier encore était libre et maître de ses actions, lui, qui avait foi dans le courage de son père adoptif, et dont toutes les heures étaient remplies par la douce pensée d'être aimé d'Yolande, ne venait-il pas de voir en un instant tous ses rêves d'amour et de bonheur s'évanouir comme un léger nuage que dissipe le vent dans l'azur d'un ciel pur?

Les paroles prophétiques qu'il avait dites à Yolande, dans la nuit où Gauthier avait résolu l'attaque de l'abbaye, lui revinrent à l'esprit, et il conclut que rarement les pressentiments trompent l'homme, et qu'il y a toujours en lui une voix intérieure qui lui crie : arrête ! lorsqu'il s'engage dans une fausse route.

Il était absorbé dans ses réflexions, lorsque la nourrice de Bérengère entra dans sa chambre.

— Messire, lui dit-elle, avez-vous besoin de mon service?

— Pas ce soir, répondit avec insouciance le jeune homme. — Le repos est la seule chose qu'il me faille.

— Je vous laisse donc, fit la nourrice en allumant une lampe qu'elle laissa sur la table. — La dame qui vous a amené, doit revenir demain à huit heures ; elle m'a dit de vous en prévenir.

— Une question? dit Raphaël en retenant la nourrice.

— Laquelle?

— Pourrais-je savoir à qui je suis redevable de tant de soins?

— C'est ce que je ne puis vous dire, répondit la nourrice ; cela m'a été défendu.

— Allons ! puisque je ne puis rien obtenir, résignons nous ; dit Raphaël avec abattement.

— Bonsoir, messire, fit la nourrice.

— Dieu vous garde ! répondit Raphaël.

La porte fermée, le jeune homme demeura

encore une fois seul. Déjà il allait éteindre sa lampe pour se mettre au lit, lorsqu'il lui sembla entendre quelque chose retentir sur le vitrage de la fenêtre donnant sur la rue. Il s'en approcha et put se convaincre qu'il n'y avait personne, puisqu'en plongeant ses regards dans l'ombre, il ne vit rien s'y agiter. Cependant, ce bruit n'était pas une illusion, et si Raphaël, moins préoccupé de sa position, était demeuré quelques secondes de plus à la fenêtre, il aurait pu voir que deux ombres se dessinaient de l'autre côté de la rue et s'avançaient vers la grille.

On n'a pas oublié que Bérengère avait été suivie par deux personnes, depuis le Buquet jusqu'au chemin de Dunkerque, et même jusque dans Lille. Ces deux personnes, qui avaient sans doute un intérêt puissant à connaître le lieu où elle se rendait, étaient arrivées à la partie haute de la rue des Foulons, et s'y étaient arrêtées au moment où la dame de Cysoing descendait de cheval. Blotties dans l'angle d'une maison, elles purent la voir descendre ainsi que son escorte, jusqu'à la grille à laquelle la demeure de la nourrice était liée. Elles attendirent là, tout le temps que Bérengère employa à établir Raphaël dans son nouveau domicile, et quand elles la virent repasser, elles la suivirent jusqu'au pont du Castiel, afin d'être bien certaines qu'elle ne reviendrait point; puis, elles retournèrent sur leurs pas, s'approchèrent cette fois de la maison où voyant de la lumière, elles essayèrent de faire connaître leur présence dans la rue en lançant contre la vître quelque objet qui appelât l'attention de Raphaël.

Comme nous l'avons dit, celui-ci, par trop préoccupé des évènements de la journée, ne voyant rien sur la fenêtre, l'avait refermée spontanément ; mais les deux personnes n'en conservèrent pas moins l'espoir d'arriver jusqu'à lui, et se mirent à explorer les environs afin de se procurer quelque moyen de tenter l'escalade.

A les voir prendre tant de précautions, sans nul doute, ces gens avaient aussi quelque intérêt à ne point entrer par la porte? Cependant, c'eût été chose facile, puisqu'il n'y avait là qu'une femme, laquelle n'aurait pu opposer qu'une faible résistance.

Enfin, ils en jugèrent autrement, puisqu'après une demi-heure de recherches dans les rues environnantes, ils revinrent avec une échelle, laissée près d'une maison en construction, l'appliquèrent contre la muraille, et parvinrent ainsi à la fenêtre de la chambre où reposait déjà d'un profond sommeil, Raphaël épuisé de fatigue.

Au bruit que fit l'un d'eux en cassant la vitre par laquelle il voulait ouvrir la fenêtre, Raphaël se jeta à bas du lit ; et s'armant d'un escabeau, il marcha dans l'ombre jusqu'à ceux qui essayaient de pénétrer chez lui, afin de les repousser ; mais il était trop tard, car, le premier était déjà dans la chambre, et l'autre, assis sur l'appui de la fenêtre, attendait sans doute que son conducteur lui ordonnât de continuer l'escalade.

— Qui va là ?.. demanda Raphaël, en prenant par le bras celui qui était entré le premier.

— C'est moi !.. ne me reconnais-tu pas? répondit le nouveau venu en essayant de se soustraire au poignet du jeune homme.

— Ciel! s'écria Raphaël en lâchant cet homme.

— Eh oui! c'est moi! Simon de Montfort!
— Simon ?
— Echappé au massacre de l'abbaye! dit l'ami du Chevalier-noir.

— Et Yolande! fit l'autre, en se précipitant vers Raphaël — Yolande, qui vit pour venger son père et qui vient réclamer l'assistance de ton bras.

— Yolande! sécria Raphaël. Yolande! ô mon Dieu, mon Dieu, que vont devenir mes serments et mes vœux ?

Il ne put en dire davantage et retomba sur son lit, en proie à une exaltation extrême, causée sans doute par le combat que se livrait son âme, en présence de la promesse solennelle faite à l'abbé de Loos, et de son amour pour la fille de Gauthier.

III.

A l'obscurité qui régnait dans la chambre, succéda, à ce moment, la lumière blafarde de la lune qui venait de se lever derrière les tourelles de l'église Saint-Maurice. Simon de Montfort se hâta d'ouvrir la seconde fenêtre de la chambre qui donnait sur la Deûle, et l'astre des nuits vint éclairer nos trois personnages, incertains encore sur le résultat de leur entrevue.

Ce fut Yolande qui rompit le silence, en s'adressant à Raphaël, dont l'abattement, lui parut d'un sinistre augure pour son amour.

— Raphaël, lui dit-elle.... Mon père ?
— Est mort.... répondit le jeune homme.
— Je m'en doutais !.. dit Yolande. La joie qui s'est tout à coup répandue dans les campagnes m'a donné la mesure de la terreur que son nom inspirait. Mais je reste, moi ; je reste seule si tu m'abandonnes, et je viens ici te demander si, brisant tes liens, abjurant tes promesses, tu veux me laisser entreprendre sans le secours de ton bras l'œuvre de vengeance que j'ai juré d'accomplir.

— Te venger?... sur qui ?... demanda Raphaël.
— Sur ceux qui l'ont tué ! répondit Yolande.
— Comment ! tu veux retourner à l'abbaye?
— Oui ! répondit-elle, retourner à l'abbaye et l'incendier, si je ne puis faire autrement.
— Yolande ! la douleur t'égare, dit Raphaël. Qu'ont fait ces religieux, sinon de défendre leurs jours et leurs biens ?... Et si ton père a été tué, ne serait-ce pas la justice divine qui l'aurait frappé au moment où il allait briser les autels du vrai Dieu et massacrer ses ministres ?

— Quel langage ?.. s'écria Yolande au comble de la surprise.

— Où diable as-tu donc été, mon gars? demanda Simon. — Est-ce que tu aurais l'intention de te faire moine?

— Non, répondit le jeune homme, mais depuis hier, j'ai vu que j'avais tort de marcher dans le sentier rempli de précipices que je suivais depuis longtemps ; et j'ai résolu, autant qu'il serait en mon pouvoir, de prendre un autre chemin.

— Ainsi, tu pousses l'ingratitude jusqu'à oublier ce que mon père a fait pour toi? dit Yolande.

— Mais, je n'oublie rien !

— Tu te ris de mon amour et de tes serments? fit la jeune fille avec un sourire de dédain.

— Yolande!... dit Raphaël avec douleur.

— Tu mets le comble à ta lâcheté en m'abandonnant.

— T'abandonner!

— Adieu!.. Adieu donc! dit Yolande en faisant un pas vers la fenêtre.

— Arrête! s'écria Raphaël en la prenant par le bras.

— Pourquoi me retenir?... dit Yolande en se dressant fière et hautaine devant son amant. — Je croyais trouver ici un ami, un protecteur, un soutien de ma faiblesse, je me suis trompé!... Qu'ai-je besoin de demeurer plus longtemps en présence du parjure?.. Non, non, ne me retiens pas, laisse-moi chercher ailleurs un bras plus fidèle;

encore une fois, ne me retiens pas, car si je restais plus longtemps, je crois que je te haïrais!

— Me haïr? s'écria Raphaël que ces derniers mots rendirent presque fou. — Me haïr! toi? Oh! non, jamais! Pardonne-moi, Yolande, pardonne ce que tu peux appeler ma faiblesse! Rends-moi ton estime. — Rends-moi ton amour! Ton amour, sans lequel je sens que je ne pourrais vivre!.. Quoi!.. au lieu de cet amour idolâtre dont tu m'entourais, je n'aurais plus de toi qu'une mortelle haine?..Oh! non!.. Non, Yolande, aimons-nous, aimons-nous, mais ne nous haïssons point.

— Allons! je vois que nous pourrons encore nous entendre, dit Simon de Montfort en frappant avec son gantelet, sa cuirasse, qui brillait aux rayons de la lune. — En ce cas, mon cher ami, ajouta-t-il en donnant un coup de sa main sur l'épaule de Raphaël, il faut convenir de nos faits.

Et s'asseyant tous trois sur le lit, et la face tournée vers la fenêtre, Simon ajouta:

— Tu sais que l'autre soir, *le maître* avait en tête une expédition, et que l'arrivée de ce moine maudit fut la seule cause de sa remise à un autre jour?

— Je le sais! répondit Raphaël.

— Et bien! pour refaire nos affaires quelque peu dérangées depuis vingt-quatre heures, j'ai résolu de continuer l'œuvre de Gauthier, dit Simon.

— Voyons, de quoi s'agit-il? demanda Raphaël.

— Nous nous sommes rassemblés dans la journée, aux carrières du bois ; nous étions dix, bien déterminés, seuls débris de cette brillante armée que commandait le père d'Yolande. Nous nous sommes promis de faire des recrues, ce qui sera facile depuis la défaite de Bertrand, dont les partisans se cachent pour échapper à la justice de Jeanne. J'ai donc la certitude que ce soir, au lieu de dix, nous serons vingt, trente peut-être. Or, avec trente hommes, on peut tenter l'entreprise en question.

— Enfin ! Quelle est-elle ?

— Nous savons que depuis que l'époux de la dame de Cysoing est prisonnier, la châtelaine, toute en Dieu, a amassé une fortune énorme, qu'augmentent chaque jour les libéralités de Jeanne de Flandre. Ces trésors doivent être enfermés dans le château de Cysoing, dit Simon. Eh bien! c'est là que nous avons résolu de nous rendre demain.

— A quelle heure ? demanda Raphaël.

— A neuf heures du matin. Bérengère est à Lille, le château est sans maître ; c'est le moment d'y faire une visite. Une fois en possession du trésor, nous quitterons la Flandre et nous irons ailleurs porter notre courage et notre industrie.

— Et Yolande ne me parlera plus de ses projets de vengeance ? demanda Raphaël.

— Je le jure, si tu me suis, répondit la fille du chevalier, après un moment de réflexion.

— En ce cas !.. j'accepte ! fit Raphaël, comme un homme qui prend une détermination

6

forcée. Tentons ce dernier coup, et quittons au plus tôt le théâtre des exploits de notre maître.

Sitôt que Raphaël se fut décidé, Simon de Montfort retourna à la fenêtre par laquelle il s'était introduit dans la chambre, tira l'échelle à lui, la passa par le châssis ouvert qui donnait sur la Deûle, où il avait, pendant la conversasation d'Yolande et de Raphaël, avisé un batelet attaché à la grille de la rue ; puis, engageant les deux jeunes gens à y descendre, il les y suivit ; coupa avec sa dague la corde qui le retenait et bientôt ils gagnèrent la rive opposée, où ils débarquèrent, et ils traversèrent ensuite Saint-Maurice et Saint-Sauveur, pour se diriger vers le bois des Roches.

Et lorsque le lendemain à la pointe du jour, la nourrice de Bérengère monta à la chambre de Raphaël, et qu'elle la trouva vide, elle fut tellement épouvantée, qu'elle attendit avec la plus vive anxiété la présence de la châtelaine de Cysoing.

IV.

Nous avons dit que la comtesse Jeanne s'était enfermée avec Bérengère pour lui annoncer une heureuse nouvelle.

Lorsqu'elles furent seules, la comtesse prit avec effusion les mains de la châtelaine, et lui dit :

— Amie, bonne et tendre amie! Vous savez ce qui vient de se passer?

— Oui, madame! j'ai appris que l'imposteur était enfin démasqué.

— Vous savez qu'il est dans cette ville.

— Je l'ignorais.

— Oui, Bérengère, je suis enfin débarrassée de ce fardeau qui me pesait depuis si longtemps, et justice va être faite du misérable qui n'a pas craint de souiller la mémoire de mon noble père.

— Mais, ce n'est point de cet homme dont je voulais vous entretenir. — Le sire de Matheren, à qui je dois la découverte de l'imposture, et qui était à Péronne le jour où Louis VIII a confondu l'ermite de la forêt de Glanchon, m'a rapporté que le roi de France se disposait à me rendre mon époux et que le vôtre, le sire Raoul, après onze années de captivité, allait enfin voir sa prison s'ouvrir.

— Oh! madame, est-ce possible?

— Je vous l'assure, répondit Jeanne — Eh! tenez, j'aperçois le gouverneur de Valenciennes. — Il va vous le confirmer de sa propre bouche.

Et faisant signe à un page de venir à elle, Jeanne lui ordonna d'introduire le sire de Matheren, qu'elle avait vu par le vitrage de la salle, traverser la cour du château du Buc.

Le gouverneur de Valenciennes rappela en effet à Bérengère les paroles du roi de France, lui assurant que Raoul devait être en marche pour se rendre à Lille.

La châtelaine de Cysoing eut peine à contenir sa joie. Quelques larmes mouillèrent ses paupières et sa poitrine, haletante, allait faire éclater en sanglots le bonheur dont elle était saisie, lorsqu'il lui fallut modérer ses transports, à la vue du cortége de magistrats et de nobles seigneurs qui attendaient à la porte de la salle, que Jeanne leur permît d'entrer.

C'était le tribunal que la comtesse de Flandre avait désigné pour juger Bertrand de Rains, et qui venait prendre ses ordres.

LE CHATEAU DE CYSOING.

I.

Bérengère, châtelaine de Cysoing, était, ainsi que le lecteur a pu s'en convaincre, une dame pieuse et vouée tout entière au soulagement des pauvres. Indépendamment des libéralités qu'elle répandait sur les misères de ces temps calamiteux, la dame de Cysoing, qui professait un culte tout particulier pour la sainte Mère de Dieu, et pour Saint-Pierre, avait fondé dans la collégiale de Lille, plusieurs messes, entr'autres, celle de huit heures du matin, à laquelle elle assistait le plus souvent possible.

Le matin donc du jour où Raphaël avait fui de la maison qu'elle lui avait donnée pour asile, elle quitta le château de Buc, au premier son de la cloche de la collégiale et alla s'agenouiller au pied de l'autel, pour remercier Dieu qui lui rendait son époux; puis ce devoir pieux rempli, elle s'achemina vers la rue des Foulons.

Lorsqu'elle entra dans la maison de sa nourrice et qu'elle vit celle-ci en pleurs, Bérengère courut à elle, et lui demanda la cause de son chagrin.

— Hélas ! damoiselle, répondit la vieille, le cavalier est parti.

— Parti ? s'écria Bérengère. Quand ?

— Je ne sais ! Cette nuit, sans doute, répondit la nourrice.

— Quel chemin a-t-il pu prendre ?

— Il a dû fuir par la rivière, car j'ai trouvé toutes les fenêtres ouvertes, ainsi qu'une échelle, appuyée contre la muraille et le pied dans l'eau.

Bérengère fit un effort sur elle-même pour cacher l'effet que lui produisait cette nouvelle, puis elle dit à la nourrice qui se lamentait :

— Ne te désole point, il faut se soumettre à la volonté de Dieu, et si ce jeune homme a quitté ta maison, c'est que sans doute il a été poussé par quelque malin esprit, qui lui aura soufflé cette méchante action. Allons ! ajouta Bérengère, calme-toi ; tu n'es point coupable !

— Vous ne m'en voulez donc pas, damoiselle ? demanda la nourrice en tremblant.

— Non, ma mie, répondit avec douceur la dame de Cysoing. — Il ne dépendait pas de toi de le retenir. Ainsi donc, du calme... du calme, bonne nourrice, oublie que je t'ai amené ce cavalier, et ne pense plus à cette nuit....

Quelque peu rassurée, sur ce que la pauvre femme appelait sa négligence, elle sécha ses larmes, et lorsque Bérengère l'eut vue plus tranquille, elle quitta la rue des Foulons pour retourner à Saint-Pierre, le cœur brisé de la conduite de Raphaël, dont le sort futur l'épouvantait.

Tandis que la châtelaine va encore une fois

s'agenouiller au pied de l'autel pour prier Dieu d'éloigner du fugitif toute pensée de meurtre et de pillage, voyons ce qu'il est devenu, ainsi que ses deux compagnons, depuis leur sortie de la maison de la rue des Foulons.

Lorsqu'ils eurent gagné la rive droite de la Deûle, Simon de Montfort conduisit les jeunes gens par des sentiers, à travers la campagne, jusqu'au bois des Roches, où il avait donné rendez-vous à Martin Rudde. Celui-ci avait bien rempli les intentions de son chef, car, au lieu de neuf qui restaient de la troupe de Gauthier de la Marche, Simon trouva là réunis vingt-cinq hommes déterminés, recrutés par les siens, sur les chemins et dans les hôtelleries. C'étaient, pour la plupart, des malfaiteurs qui avaient su se soustraire au glaive de la justice en faisant pour vivre le métier de voleur et d'assassin. Or, avec de semblables gens, il était facile à Simon d'attaquer le château de Cysoing, dans lequel il ne se trouvait, au moment où se passent les événements que nous racontons, que quelques serviteurs dévoués, mais peu nombreux.

— Salut à mes braves ! dit Simon lorsqu'il se trouva dans la carrière, au milieu de ses nouveaux compagnons. Martin vous a instruit du motif qui nous rassemble en ce jour ?

— Oui ! répondirent ensemble les bandits.

— Cela m'épargnera la peine de vous dire quels liens nous unissent et quels devoirs il vous reste à remplir. — Maintenant, j'ai à vous instruire de ce que nous allons faire aujourd'hui. — Il y a non loin d'ici des

trésors dont il faut nous emparer. — L'occasion est belle ! — Nous n'aurons à combattre que quelques hommes presque sans défense. — Mais il faut se hâter !
— Partons ! dit Martin.
— Partons ! répéta Simon de Montfort.

Et ce nouveau ramas de brigands, sous la conduite des lieutenants de Gauthier, quitta la carrière et se dispersa dans le bois, pour se réunir quelques heures plus tard dans un petit bosquet, situé à deux cents pas du château de Bérengère.

II.

En l'absence de la dame, arriva au château de Cysoing, Robert de Noyelles, seigneur de Radicourt, qui, depuis la captivité de Raoul, rendait de fréquentes visites à Bérengère.

Robert pouvait avoir une trentaine d'années, et était porteur d'une de ces physionomies qui préviennent au premier abord en leur faveur, mais, qui, lorsqu'on les étudie avec soin, offrent un assemblage étrange de douceur et de duplicité qui jettent l'esprit dans une certaine confusion et qui ne permettent pas de fixer sur elle une idée bien assise. Toujours est-il que ce chevalier était reçu par Bérengère, comme un voisin rempli de courtoisie et de prévenances ; ne se doutant nullement que cet homme nourrissait en secret une passion furieuse, dont il ne comprimait qu'avec peine les élans et qui n'attendait qu'un moment pour éclater.

Robert de Noyelles arriva donc au château quelques minutes après que Bérengère l'eût quitté pour se rendre à l'abbaye de Loos. Connu des varlets, qui le reçurent comme l'ami de leur maîtresse, le chevalier monta dans l'appartement qu'il occupait chaque fois qu'il venait à Cysoing et y attendit le retour de la dame.

A l'heure où les bandits arrivaient au bosquet, le sire de Noyelles, assis près d'une fenêtre qui donnait sur la campagne, était occupé à feuilleter machinalement un missel enluminé, qui était déposé sur la table.

Les yeux fixés sur la plaine, le sire de Noyelles hâtait de ses vœux le retour de Bérengère, lorsqu'un bruit inaccoutumé, une espèce de tumulte accompagné de vociférations, vint frapper ses oreilles. Il lui sembla qu'on se battait sous la voûte par laquelle on pénétrait dans le château. Malgré son caractère, que le lecteur ne tardera point à connaître, et qui était indigne d'un chevalier, il s'en fallait que Robert fût un lâche dans l'acception du mot : aussi, dès qu'il crut sa présence nécessaire dans la cour, où il lui parut que se livrait un combat, le vit-on descendre armé de son épée et bien décidé à en faire le plus noble emploi.

On se doute bien quelle devait être la cause de ce bruit, de ce tumulte et de ces vociférations.

Simon de Montfort, dès qu'il eut réuni sa troupe, dans le bois, où il lui avait donné rendez-vous, se dirigea immédiatement vers le château. Profitant du moment où le pont-levis était baissé pour le service du matin, Simon et les siens, s'engagèrent sans hésiter sous la voûte, et furent en quelques secondes au milieu de la première cour, dans laquelle eut lieu entre eux et les gens du château surpris, la première mêlée, dans laquelle succombèrent quelques varlets.

La présence du sire de Noyelles devenait d'autant plus nécessaire, que les gens de Bérengère, n'ayant pour toutes armes que quelques épées rouillées, avaient peine à se défendre contre les vingt ou trente forcenés que conduisait Simon de Monfort. Aussi lorsque ce chevalier parut, Simon, Raphaël et Yolande, qui ne s'attendaient point à un adversaire semblable, s'arrêtèrent-ils spontanément. Mais, lorsqu'ils eurent acquis la certitude qu'il n'avait personne à sa suite, ils fondirent de nouveau sur les gens de Cysoing, qui, cette fois, résistèrent avec un courage héroïque, que stimula par son exemple le sire de Noyelles.

Ce combat, qui pouvait offrir toutes les péripéties sanglantes de celui de l'abbaye, eut une issue à laquelle ne s'attendaient, ni Simon de Montfort, ni ses compagnons.

Lorsque Robert de Noyelles vit que le nombre de ses combattants était à peu près égal à celui de ses adversaires, il ordonna aux varlets de battre en retraite, en même temps, qu'il détacha l'un d'eux et le chargea de lever le pont-levis, afin de couper la retraite aux fuyards ; puis, attirant par cette manœuvre, à laquelle ne comprenait rien Simon de Montfort, ses ennemis jusqu'à une espèce de plateforme élevée, dont le parapet, en construction, n'était point encore achevé, il s'arrêta lorsqu'ils y furent tous engagés.

On comprendra facilement que les gens de Cysoing firent tous leurs efforts pour amener Simon de Montfort et les siens jusqu'au fond de cette plate-forme, au-delà de laquelle se trouvait un précipice de cent et quelques pieds, au fond duquel ils devaient périr s'ils y tombaient.

Tel fut le but de Robert en ordonnant la retraite.

Sitôt qu'il eut attiré ses adversaires à cette place sans issue, il fit faire volte face aux varlets, de manière que Simon de Montfort, trompé par ce subterfuge, s'engagea lui et les siens dans ce carré de quelques mètres, puis, lorsque Robert les eut en face de lui, il ordonna une vive attaque qui fit reculer les bandits jusqu'à ce qu'il ne restât plus entre eux et le précipice que deux ou trois pas.

A ce moment, Simon jeta machinalement les yeux derrière lui, et mesurant avec effroi la profondeur du précipice, il vit bien qu'à moins d'un miracle ou d'un effort désespéré, sa troupe était perdue.

— Trahison! cria-t-il en rugissant comme un lion. Il faut vaincre ou mourir! ajouta-t-il. Allons, mes chiens, finissons-en, car ces maudits ont juré de nous exterminer.

Raphaël et Yolande, qui avaient vu le danger, n'eurent pas plutôt entendu ces dernières paroles de Simon, que donnant l'exemple à leurs compagnons, ils fondirent avec impétuosité sur les gens de Cysoing, qui les accueillirent en hommes déterminés.

Le choc fut si terrible, qu'un moment la victoire parut incertaine ; mais à la vue de quelques-uns des leurs, qui venaient de tomber, les varlets se serrèrent de telle sorte, que les bandits ne purent entamer leurs rangs ; et quoique de larges blessures leur eussent été faites par les redoutables armes de leurs adversaires, ils les poussèrent de si près, que ceux-ci reculèrent et perdirent encore une fois du terrain.

Les voyant à deux pas du précipice, Robert de Noyelles s'écria en s'adressant à ses gens :

— Hardi ! courage, mes braves ! Frappez, frappez, et qu'il n'en reste pas un seul !

Un dernier effort des gens du château, amena le résultat que Robert espérait.

Malgré la résistance que puisaient dans leur désespoir les compagnons de Simon de Montfort, ils ne purent faire reculer leurs ennemis, lesquels, s'avançant toujours sur eux, dans l'espoir de les exterminer, les poussèrent avec une telle violence, que le terrain, venant à manquer sous leurs pieds, la plus grande partie, alla rouler dans les fossés du château, en jetant des cris lamentables, tandis que Yolande, frappée à la tête, tombait aux pieds de son amant en rendant le dernier soupir.

Le sire de Noyelles, voyant, qu'il n'avait plus affaire qu'à Simon et à deux ou trois de ses compagnons échappés au massacre, il lui fut facile de les anéantir ; et, bien qu'il eût perdu dans le combat quelques-uns des dévoués serviteurs de Bérengère, il eut la gloire d'avoir vaincu ses ennemis, dont un seul survécut.

Ce fut Raphaël.

Raphaël, qu'une blessure reçue dans la poitrine, avait couché par terre et qui reprit ses sens un quart-d'heure après le combat et au moment où Bérengère, qui arrivait de Lille, ayant vu de loin ce qui se passait sur la plateforme de son château, y accourait, ne sachant rien de ce qui avait pu amener ses gens à précipiter du haut des murailles et presque sous ses yeux, les malheureux qu'elle venait de voir, en passant, rendre leur dernier soupir au milieu des plus cruelles souffrances.

III.

Lorsque le varlet qui accompagnait Bérengère eut fait retentir le son du cor, qui appelait quelqu'un au pont-levis pour le baisser, on s'empressa d'obéir ; et la dame de Cysoing, désireuse de connaître la cause de ce qui venait de se passer, se dirigea, conduite par ses gens, vers la salle dans laquelle Robert de Noyelles avait fait transporter Raphaël, dont la blessure n'était point dangereuse, et qui était remis de son évanouissement.

Il serait impossible de rendre l'effet que produisit sur Bérengère et sur Raphaël, leur réunion inopinée, surtout après les événements qui s'étaient succédés depuis quelques jours.

Raphaël sut réprimer la surprise que lui causait la présence de la dame de Cysoing, mais il n'en fut pas de même de celle-ci, qui, dans son amour du prochain, heureuse de retrouver celui qu'elle croyait perdu pour le ciel, ne crut pouvoir mieux lui manifester sa joie de le revoir, qu'en le pressant dans ses bras et en lui prodiguant les plus douces paroles.

Cette action, toute naturelle de la part de Bérengère, jeta le sire de Noyelles dans une étrange alternative. Tout d'abord, il ne vit là qu'un rival qu'on lui préférait, et sa jalousie aiguillonnée par les soins touchants dont Raphaël était l'objet, de la part de la dame de Cysoing, il fut amené à conclure qu'il n'avait plus devant les yeux qu'une femme couvrant ses turpitudes sous le voile de la religion et brisant les nœuds sacrés du mariage pour satisfaire la passion d'un aventurier affilié à une bande de brigands. Mais d'un autre côté, comment comprendre la conduite du jeune homme envers Bérengère, qu'il venait dépouiller, s'il avait eu pour elle le sentiment qu'il lui supposait ?

Le sire de Noyelles se crut le jouet d'un songe.

Quant à Bérengère, dès quelle fut remise de sa stupeur, elle dit à Robert :

— Messire, que s'est-il donc passé ?

— Madame, répondit Robert, une bande de malfaiteurs dans laquelle se trouvait ce jeune homme est venue dans ce château, pour y apporter la désolation, le meurtre et le pillage. Vos braves serviteurs, aidés de mon bras, ont détruit tout jusqu'au chef. Celui-ci seul a survécu. Voilà, madame, ajouta-t-il en prenant un ton sévère, voilà ce qui s'est passé.

— Merci de votre assistance, messire, dit Bérengère. Remettez cet or à mes gens, ajouta-t-elle en donnant à Robert une sachette pleine. Et puisque vous avez commencé une bonne œuvre, Messire, veuillez la continuer, en veillant à ce que les blessés soient soulagés, et que ceux qui ont eu le bonheur de sortir sains et saufs, se remettent de leurs fatigues. Je mets à leur disposition tout ce que vous croirez nécessaire.

— J'obéis, madame, répondit Robert en jetant un coup-d'œil oblique sur les deux personnages qu'il laissait seuls.

— Allez donc, messire, et revenez le plus tôt possible m'assurer que mes serviteurs sont hors de danger.

Le sire de Noyelles, quoique à regret, quitta la dame de Cysoing, mais en se promettant bien intérieurement de profiter de la permission qu'elle lui donnait de revenir incessamment.

Lorsqu'elle se vit seule avec Raphaël, Bérengère, les larmes aux yeux, lui dit :

— Malheureux enfant, qu'avez-vous fait ?

— Oh ! Madame, pardonnez-moi, répondit le jeune homme. Lorsque vous me quittâtes, j'avais pris la plus ferme des résolutions, je ne voulais plus me hasarder dans les combats, où l'on risque son honneur et sa vie..... mais elle est venue, ajouta-t-il en soupirant ;

elle est venue, et dès-lors, je n'ai plus eu la force de résister.

— Vous avez revu cette femme? demanda Bérengère avec inquiétude.

— Oui, madame!

— Et maintenant, ajouta la dame de Cysoing, où est-elle?

— Morte! répondit Raphaël d'une voix sombre, morte!...

— Morte?

— Tuée à mes côtés, dans ce château, répondit Raphaël. Oh! je vous en supplie, madame, ajouta-t-il en pleurant, que la sépulture soit donnée à ses restes, et que la prière d'un prêtre....

— Je vous le promets.

— Cette promesse me rend plus tranquille, dit Raphaël. Le reste à la volonté de Dieu.

— Ecoutez, fit Bérengère en jetant un regard furtif autour d'elle, comme pour s'assurer qu'elle ne serait point entendue de quelque indiscret; écoutez: j'arrive de Lille, où j'ai appris une grande nouvelle. Mon époux, le sire Raoul de Bretonvillé, rendu enfin à la liberté, marche vers la Flandre.—Vous le verrez un jour. — Mais le temps n'est pas venu et il y aurait danger pour vous à ce qu'il vous trouvât ici ! Il faut donc que vous retourniez à Lille avec moi, et que vous consentiez à entrer pour quelque temps seulement, dans une sainte maison; celle des Frères–Mineurs, par exemple. Le voulez-vous?

— Tout ce que vous désirerez, répondit Raphaël, à qui le lecteur a reconnu un caractère plein de nobles sentiments, quoique jeté par le hasard au milieu des plus dangereux écueils.

— En ce cas, il faut vous préparer, dit Bérengère. Mais vous êtes blessé? ajouta-t-elle en apercevant du sang sur le pourpoint du jeune homme.

— Ce n'est rien, répondit celui-ci. La blessure n'est point dangereuse, je le sens. Je pourrai, sans danger, me rendre à Lille, où je recevrai les soins que réclament mon état.

— Et vous promettez?....

— De me consacrer à Dieu? Oui, madame! répondit Raphaël avec onction. Rien ne m'attache à la terre, maintenant, et j'ai besoin de me réconcilier avec le ciel.

Bérengère, ivre de joie à ces paroles de Raphaël qui comblaient ses vœux les plus ardents, prit la tête du jeune homme dans ses deux mains, et comme pour le remercier de cette détermination qui annonçait de sa part un repentir sincère, elle lui donna au front un baiser, chaste et pur, qui devait sceller la promesse qu'il venait de faire.

Robert de Noyelles parut sur le seuil de la porte à ce moment, et l'action de Bérengère, interprétée vue de sa passion, fit cesser tous ses doutes. Le rouge de la colère empourpra ses joues et malgré lui sa main se reposa sur le pommeau de son épée. Mais il contint sa rage, s'approcha humblement de Bérengère, lui donna l'assurance que ceux de ses gens qui étaient blessés survivraient, et lui demanda ses ordres.

— Messire, puisque vous me faites l'offre

de votre assistance, dit Bérengère, je l'accepte. Vous m'aiderez à conduire ce jeune homme à Lille.

— A Lille ? fit Robert.

— Oui, Messire ! Il a résolu d'entrer chez les Frères-Mineurs, dit Bérengère, et vous m'y accompagnerez.

— Je suis tout à vous, madame, répondit le sire de Noyelles, dans le cerveau duquel une idée infernale venait de germer.

Ceci décidé, Bérengère engagea Robert à ordonner les apprêts de leur départ, tandis que Raphaël, qui avait supplié la dame de Cysoing de lui permettre de revoir Yolande une dernière fois, se rendit avec elle dans la salle basse où avaient été déposés les cadavres des malheureux morts en combattant.

Après que Raphaël eut donné une dernière larme à celle qu'il avait aimée, il s'arracha de son corps inanimé, et le cœur gonflé, il rejoignit avec Bérengère le sire de Noyelles, qui les attendait dans la cour.

Dès qu'ils furent montés sur leurs coursiers, ils quittèrent le château et se mirent en chemin pour Lille, où ils arrivèrent au bout de quelques heures. Ils se dirigèrent immédiatement vers le couvent des Cordeliers, dont la porte se referma bientôt sur eux ; puis un quart d'heure après leur entrée dans le monastère, Robert de Noyelles en sortit seul et à pied, alla frapper à la porte d'une maison de la rue de la Cordonnerie qui lui appartenait et dans laquelle il pénétra ; puis, enfin, après y être resté quelques minutes, il continua son chemin, franchit la porte de Fives, traversa les paroisses de saint-Maurice et de Saint-Sauveur, jusqu'à ce qu'arrivé à une hôtellerie d'assez mauvaise apparence et située sur le chemin de France, il s'y arrêta et demanda un cheval qu'il paya, et reprit la route de Cysoing, où il arriva bien avant le retour de Bérengère.

Laissant alors le cheval étique qu'il avait acheté, il prit le sien, qui attendait dans l'écurie le retour de son maître, et prompt comme l'éclair, le sire de Noyelles s'éloigna du château se dirigeant encore une fois vers le chemin de France, où il espérait rencontrer Raoul de Bretonvillé, l'époux de Bérengère.

Quel motif poussait donc cet homme à voir Raoul, avant son arrivée au manoir?...

Sa présence devait pourtant être un obstacle à ses desseins.

C'est sans doute ce que la suite de ce récit nous apprendra.

MEURTRE ET SACRILÈGE.

I.

Laissons Raphaël, plus que jamais décidé à quitter ce monde, dans lequel il n'a trouvé jusqu'à cette heure que déceptions et malheurs, pour suivre Robert de Noyelles, que nous avons laissé cheminant sur la route de France.

La première journée de ce voyage improvisé n'avait procuré à Robert aucun renseignement sur Raoul de Bretonvillé. Il rencontra cependant sur son chemin bon nombre de seigneurs revenant de la croisade, qui regagnaient leurs manoirs, mais aucun d'eux n'avait vu le mari de Bérengère sur la route de Paris.

Arrivé à Senlis, Robert s'arrêta dans une hôtellerie. Il y avait dans cette maison, une telle foule de voyageurs et de pèlerins, qu'il se disposait à aller prendre gîte ailleurs, lorsqu'en mettant le pied dans la rue, il vit arriver à lui un cavalier visière baissée et qu'accompagnaient huit ou dix écuyers, écussonnés aux armes du roi de France. Ce cavalier n'eut pas plus tôt aperçu Robert, que découvrant son visage, celui-ci put reconnaître, malgré son visage amaigri, l'époux de Bérengère.

Après les compliments d'usage, Raoul et Robert se dirigèrent vers une hôtellerie, située à deux cents pas de Senlis, et lorsqu'ils eurent donné des ordres pour que leurs gens et leurs chevaux fussent hébergés, ils allèrent s'enfermer dans une chambre, où ils demeurèrent une demi-heure.

Ce temps écoulé, ils remontèrent en selle, reprirent le chemin de Flandre, et marchèrent le jour et la nuit, jusqu'à ce qu'arrivés à Cambrai, ils ordonnèrent aux écuyers de se rendre à Cysoing, pour y annoncer leur arrivée, et demeurèrent dans cette ville, sans doute pour s'entretenir de nouveau des motifs de la démarche du sire de Noyelles.

Dans la soirée du jour où Raoul et Robert s'étaient arrêtés à Cambrai, deux pèlerins, qui paraissaient exténués de fatigue, à voir leur robe couverte de poussière et la difficulté avec laquelle ils marchaient, entraient à Lille et allaient frapper à la porte du couvent des frères Cordeliers ou Mineurs.

Les religieux hospitaliers accueillirent ces deux hôtes, et après qu'ils leur eurent fait servir un frugal repas, ils leur donnèrent pour y passer la nuit, une cellule à deux lits, dans laquelle ils s'enfermèrent.

— Enfin! nous voici donc dans le repaire du loup, dit Raoul, que le lecteur a sans doute reconnu.

— Oui, messire! répondit Robert. C'est ici que votre épouse criminelle est venue cacher cet homme, qu'elle a ramassé au milieu d'une bande de brigands.

— C'est incroyable! s'écria Raoul en se frappant le front.

— Cela est, pourtant, messire, répondit Robert. Je ne vous parle point de ce qu'on m'a dit. J'ai vu et j'ai rougi de honte pour vous... Pour vous, qui, confiant dans la vertu de la dame de Cysoing, avez été aussi indignement trompé.

— Et vous dites que la malheureuse?...

— A donné à cet homme un baiser... baiser d'adultère.... baiser d'infamie, qui m'a fait frémir d'indignation! répondit Robert.

— Si elle n'allait point venir? s'écria Raoul en marchant avec précipitation et en proie à la plus grande exaltation.

— Elle viendra, croyez-le bien, répondit le sire de Noyelles, d'un ton patelin, qui fit une nouvelle blessure au cœur de Raoul.

— Oh! si je savais où est cet homme!....

— Que feriez vous?

— J'irais le trouver, fut-il au fond des souterrains de ce couvent.

— Gardez-vous-en, messire! répondit Robert. Il vaut mieux vous convaincre par vos yeux.

— Mais, malheureux! dit Raoul, d'ici là, quelles tortures ne vais-je pas subir? D'ici là, quels tourments, quel supplice ne vais-je pas endurer?..

— Remettez-vous, messire, dit Robert, et dans peu d'heures....

— Des siècles....

— Patience, messire! Encore une fois, patience!

— Patience! Patience! fit Raoul en rugissant de colère. Patience! Eh le puis-je? Le puis-je? lorsqu'en ce moment peut-être, cette femme reporte ses pensées sur cette maison où un autre... un rival... Oh! Oh! qu'il me faudra de courage! ajouta Raoul, en s'agitant comme un possédé.

— Messire! combien je me repens de vous avoir instruit de tout cela, dit le sire de Noyelles, en donnant à ses paroles un accent de repentir dont Raoul fut dupe. — Quittons ce monastère et rendons-nous à Cysoing. Oubliez tout ce que j'ai dit! Venez! venez!

Et comme il prenait l'époux de Bérengère par la main pour l'emmener, celui-ci ajouta :

— Oublier? oublier? Est-ce possible? Non! il faut que je reste. — Demandons à Dieu la force de supporter cette nouvelle épreuve et prions-le de nous envoyer un sommeil dont nous avons besoin, ajouta-t-il encore. — Puis, demain, demain, s'il y a un criminel, eh bien! ce criminel recevra le châtiment qu'il aura mérité.

Robert de Noyelles cessa d'exciter de nouveau la colère du mari de Bérengère, de crainte que, poussé à bout, le malheureux ne prît la résolution de partir ; et s'agenouillant, ainsi que lui, ils demeurèrent l'espace d'une heure en prières ; puis, lorsque Raoul, calmé par cet exercice pieux, se jeta sur sa couche, son compagnon l'imita.

Le sire de Bretonvillé put à peine fermer l'œil de la nuit. Robert, au contraire, ne s'éveilla que lorsqu'il entendit le son de la cloche des matines. Ils se levèrent tous deux, s'agenouillèrent encore, et attendirent après la prière du matin, que huit heures sonnassent à Saint-Pierre, où Bérengère ne devait point manquer de venir.

Ils gardèrent le silence tout le temps que dura la messe. Le cœur de Raoul battait avec plus de violence, à mesure que le moment de l'entrevue de Bérengère et de Raphaël approchait.

Enfin, la cloche de la porte d'entrée du couvent fit entendre son tintement aigu. Ne doutant plus que ce fût la dame de Cysoing qui arrivait, nos deux pèlerins descendirent dans la cour et furent convaincus qu'ils ne s'étaient point trompés.

Bérengère se rendit en toute hâte au parloir, où le fils adoptif de Gauthier l'attendait, et fut suivie à la distance de quelques pas seulement par son mari et l'infernal Robert.

Le frère portier, croyant que ces pèlerins attendaient la visite d'un religieux, les laissa se placer dans un angle obscur du parloir et le chapeau rabattu sur les yeux, ils purent voir et entendre ce qui se passa entre Bérengère et Raphaël.

Par une coïncidence malheureuse, la dame de Cysoing, que les écuyers avaient prévenue de l'arrivée de son époux, ne put adresser que quelques paroles au jeune homme, obligée qu'elle était de retourner de suite au manoir.

— Mon époux arrive aujourd'hui, dit-elle à Raphaël, qu'elle baisa au front.

— Votre époux ? dit le jeune homme avec une sorte de surprise, que Raoul prit pour de l'épouvante.

— Oui, mon ami, répondit Bérengère. Ainsi, il se peut que je ne puisse vous voir demain. Mais, comptez que sitôt que cela me sera possible, je reviendrai.... et alors....

— Alors ?...

— Votre sort pourra changer! je vous l'ai promis et je tiendrai ma parole! Au revoir donc, ajouta-t-elle, à bientôt!

Et lui donnant un nouveau baiser, elle remit au frère qui lui avait amené Raphaël, une sachette pleine d'or en disant :

—Pour ses besoins!

Le frère s'inclina et emmena le jeune homme ; puis, deux minutes après, il ne resta plus dans le parloir que les deux pèlerins exaspérés de cette entrevue qui leur avait torturé le cœur.

— J'en sais assez! fit Raoul. Partons!

— Partons! répondit Robert, d'une voix tremblante de colère.

Et ces deux hommes, agités de sentiments bien différents, quittèrent le monastère pour reprendre la route de Cysoing.

II.

Raoul et Robert sortirent de Lille et marchèrent jusqu'à ce qu'arrivés aux dernières maisons de Saint-Sauveur et sur la route de France, ils jetèrent leurs robes et leurs bâtons de pèlerins dans un champ, et se rendirent à pied au château.

Les habitants de Cysoing ne les eurent pas plus tôt aperçus, qu'ils s'empressèrent d'avertir Bérengère, laquelle accourut au-devant de son époux, jusqu'au milieu de la grande avenue qui précédait le pont-levis.

La présence de Robert n'étonna point la dame de Cysoing. Quant à Raoul, malgré le combat intérieur que se livrait son âme, il sut donner à sa figure un tel cachet de bonhomie et de franchise, que sa femme put se livrer sans contrainte à tous les élans de sa joie.

Leur entrée dans le château fut saluée par les acclamations de tous les varlets et écuyers, qui, rangés en bataille, leur firent les honneurs qu'en ces temps-là on avait l'habitude de rendre aux châtelains.

Lorsque Raoul et Bérengère furent réunis dans la salle où nous avons vu le sire de Noyelles deux jours auparavant, hâtant de ses vœux le retour de celle qu'il cherchait à perdre, le sire de Bretonvillé, après avoir raconté à son épouse les épisodes de sa longue captivité, ajouta :

— Le sire de Noyelles m'a dit, madame, que vous aviez failli devenir la victime d'une troupe d'assassins ?

— Messire, la chose est vraie, et sans le courage de sire Robert, je ne sais trop si vous auriez retrouvé ce manoir tel qu'il est, répondit Bérengère.

— Je remercie le sire de Noyelles de son assistance, dit Raoul. Mais une chose que vous ne me dites pas, c'est qu'un de ces brigands a survécu.

— Un pauvre jeune homme, égaré par de mauvais conseils, répondit Bérengère.

— Et, qu'est-il devenu.

— Ce qu'il est devenu? fit Bérengère en regardant le sire de Noyelles. — Puisqu'on vous a dit qu'il avait pu échapper au massacre, on aurait pu ajouter, messire, que je l'avais placé dans une maison religieuse.

— Ah! dans une maison religieuse? dit avec un étonnement simulé le sire de Bretonvillé.

— Oui, messire, et si vous le permettez, je le ferai venir, et je l'attacherai à votre maison.

— A ma maison? s'écria Raoul. A ma maison?

— Sans doute! qu'y a-t-il là d'étrange? demanda Bérengère.

— Je suis surpris d'une telle question! répondit Raoul. — Madame! ajouta-t-il d'un ton sévère, je n'admets point à ma suite des serviteurs dont les antécédents sont de la nature de ceux de cet homme, et, si je suis surpris d'une chose, c'est qu'on ose m'en faire la proposition.

— Pardonnez-moi, messire, répondit Bérengère. Peut-être que, lorsque vous connaîtrez mieux ce jeune homme, vous lui accorderez plus de confiance.

— Jamais!

— Je crois, messire, que vous serez un jour trop heureux de le recevoir.

— Assez! assez, madame! fit Raoul en se levant et craignant de perdre patience. Venez, messire, dit-il à Robert, j'ai besoin de visiter mes domaines. Vous m'accompagnerez, n'est-ce pas?

— Volontiers, messire! répondit Robert en s'inclinant.

Et tandis qu'ils quittaient le château, Bérengère, troublée par les dernières paroles de son époux, se retira dans son oratoire, où elle adressa à Dieu la prière suivante :

» Mon Dieu! tu connais la pureté de mes intentions. Tu sais à quelles épreuves tu as soumis mon pauvre cœur depuis quelques jours.

» Que ta sainte volonté soit faite! »

Puis, après un moment de recueillement, elle ajouta :

« Mon Dieu! écarte tout danger de la tête du malheureux que je protège. Fais qu'un jour, les aveugles voient, et inspire-moi ce que je dois faire, dans la situation où je me trouve placée.

Elle fit une seconde pause et continua ainsi :

« Merci, mon Dieu, de m'avoir rendu l'époux dont je suis l'humble servante. Souffle à son intelligence une bonne pensée. Fais qu'il écoute la voix du sang, et surtout, fais-lui la grâce de ne point encourir, par un parjure, le châtiment que tu réserves aux pécheurs endurcis. »

En articulant ces derniers mots, Bérengère versa d'abondantes larmes. Ses soupirs étouffés et comprimés, comme pour faire violence à quelque secret qu'elle n'osait se dire à elle-même, firent battre sa poitrine, et la jetèrent dans une telle confusion, que, craignant d'offenser Dieu en continuant de s'entretenir avec lui dans cet état, elle se leva et alla dans les sombres galeries du manoir promener ses rêveries.

Quant à Raoul et à Robert, dès qu'ils eurent quitté le château, ils se dirigèrent vers les marais qui bordaient la rivière de la Marcq, où ils avisèrent la cabane d'un pêcheur, qui avait l'habitude de faire passer la rivière avec son bateau à ceux qui, de Cysoing, voulaient se rendre à Lille en abrégeant la route et en passant par l'endroit nommé encore aujourd'hui l'arbre de Fomentreux.

Sans doute que Raoul avait quelque intérêt à demeurer seul avec le batelier, car le sire de Noyelles sortit presque aussitôt qu'il était entré, et attendit, sur le bord de la rivière, que le châtelain de Cysoing vînt l'y joindre.

Lorsqu'ils furent réunis de nouveau, ils suivirent le rivage de la Marcq, jusqu'au chemin de Cysoing, et n'arrivèrent au castel qu'à la nuit close.

Robert de Noyelles, malgré sa pénétration, ignorait encore comment Raoul voulait se venger de sa femme; et dans cette incertitude, il résolut de ne point quitter le châtelain, jusqu'à ce qu'il eût pris un parti. Aussi accepta-t-il avec empressement l'offre qu'il lui fit de passer la nuit à Cysoing.

Le lendemain de bonne heure, Bérengère, accompagnée de son époux et du sire de Noyelles, prirent le chemin de Lille, afin d'y entendre la messe à Saint-Pierre, pour remercier Dieu de l'heureuse délivrance de Raoul, et traversèrent la rivière de la Marcq, au lieu où s'étaient rendus la veille l'époux et le rival.

En assistant au plus redoutable des mystères de notre religion, que se passait-il dans l'âme de Raoul?

Elle était remplie d'un désir de vengeance dont l'accomplissement était prochain.

Et dans celle de Robert?

Il y avait une incertitude qui lui faisait regretter d'avoir poussé le sire de Bretonvillé à un crime inévitable. Néanmoins, les yeux du sire de Noyelles, dans lesquels brillait le feu de la jalousie, enveloppaient, malgré la sainteté du lieu, d'un regard de luxure la pieuse et innocente châtelaine.

Quant à elle, tout entière au sacrifice qui se consommait à l'autel, détachée de la terre, à la vue du prêtre consacrant la sainte hostie, elle priait avec une telle ferveur, qu'elle ne vit ni la distraction de son époux, ni l'irrévérence de Robert, qui se manifestait par une impatience dont il aurait peut-être contenu les transports dans une toute autre enceinte.

Lorsque le ministre de Dieu eut dit l'*ite missa est*, Raoul, sa femme et Robert regagnèrent avec leurs chevaux, dont les varlets tenaient la bride sur le parvis du temple, regagnèrent, disons-nous, l'arbre de Fomentreux, où ils congédièrent leurs gens pour descendre ensuite le coteau jusqu'à la rivière de la Marcq, où ils s'embarquèrent. Arrivés à deux pas de la rive opposée et au moment où l'on allait aborder, Raoul et le batelier, qu'il avait sans doute gagné par l'appât d'une forte récompense, donnèrent de concert plusieurs secousses, qui firent chavirer la barque, laquelle s'engloutit en cet endroit, le plus profond de la rivière(1).

---

(1) Cet endroit a porté longtemps le nom de *Fosse madame*.

La malheureuse Bérengère, le batelier et le sire Robert de Noyelles, périrent dans les flots, tandis que l'époux coupable, à qui sans doute le ciel réservait un autre châtiment, parvint à gagner la rive et à rejoindre son château, où il apporta cette triste nouvelle, qui répandit la douleur parmi les vassaux de l'infortunée châtelaine.

Dans la soirée de ce jour, on fit des recherches pour retrouver le corps de Bérengère, mais elles furent infructueuses.

Tandis que les fidèles serviteurs de la châtelaine se livraient à ces investigations, par amour pour elle et afin de lui donner la sépulture, Raoul, qu'une seule idée poursuivait, débarrassé de sa femme et de l'homme qui l'avait poussé au crime, fit un appel à ses écuyers, qui se réunirent sous son commandement, ainsi que tous ceux des varlets qui pouvaient porter les armes, puis, lorsqu'il leur eut fait part de son dessein et des motifs qui l'engageaient à tenter un coup désespéré, il se mit à leur tête, ayant à ses côtés un maure du nom de Soleïman, qui l'avait servi dans sa captivité et que Louis VIII lui avait permis d'emmener ; et cette troupe prit le chemin de Lille, où elle arriva au moment où l'heure de minuit sonnait aux églises de la ville.

III.

Le drame dont la rivière de la Marcq venait d'ensevelir le mystère, fut bientôt connu de toute la ville de Lille. La comtesse Jeanne en fut terrifiée, et tout le monde partagea la douleur qu'elle en éprouva.

Bérengère s'était acquise une trop haute réputation de vertu et de piété, pour que sa mort ne fît point une blessure aux cœurs vraiment chrétiens, et comme Lille, même à cette époque, était une des villes les plus attachées au christianisme, elle dut jeter une longue plainte, un immense cri de douleur en apprenant la fin si malheureuse de la plus sincère amie de la comtesse Jeanne.

La cause de tant de désolations ne fut connue de personne, puisque le sire de Bretonvillé, auteur du crime, en possédait seul le secret.

A l'heure même où l'on vint annoncer au doyen de la collégiale, la mort de la dame de Cysoing, un habitant de Lille, qui revenait de Ronchin où il l'avait apprise, alla frapper au couvent des frères Mineurs, où l'appelait une affaire, et instruisit les religieux de ce qu'il avait recueilli en chemin.

Bientôt, ceux-ci n'eurent plus de doutes, lorsqu'ils reçurent du doyen l'ordre de célébrer un service pour l'âme de la châtelaine.

Raphaël, quoique ne sachant trop quels liens l'attachaient à Bérengère, fut étourdi par ce coup inattendu qui brisait le seul lien qui l'attachât encore à la terre. Aussi, lorsque le service des morts auquel il assista eut été dit, fit-il demander le prieur du couvent.

Ils demeurèrent ensemble deux heures environ, puis, un frère partit pour l'abbaye de

Loos et revint vers quatre heures du soir, avec Baudouin, dont Raphaël avait sans doute sollicité la présence.

— Mon père, dit Raphaël en tombant à genoux aux pieds du vénérable abbé, dès qu'il le vit paraître, mon parti est pris, la noble dame qui me protégeait n'est plus. Je romps mes liens avec la terre, et je veux me consacrer à Dieu. Mais, avant de prendre le cilice, avant de couvrir mon corps de la robe d'humilité, j'ai encore besoin de conseils. Mon père ! voulez-vous m'assister ?

— Oui, mon fils ! répondit avec joie l'abbé. Oui, nous vous conseillerons, nous vous soutiendrons dans cette pensée qui vous vient de Dieu, de Dieu qui a sans doute répandu sur vous sa grâce. Votre repentir sincère et votre vocation viennent du cœur, je n'en doute pas. Bien, mon enfant ! bien ! le ciel tient compte au pécheur de ces retours sur lui-même, et j'ai la conviction qu'il vous verra avec joie faire partie de cette armée militante et sans cesse sur la brèche pour combattre le démon.

— Merci, mon père, de ces paroles consolantes, dit Raphaël. Merci !

— Persévérez, mon fils, dit l'abbé, et bientôt, j'espère vous annoncer une nouvelle qui vous réjouira et vous fortifiera.

— Une nouvelle? dit le jeune homme.

— Paix ! répondit Baudouin. Paix ! je ne puis rien vous dire encore.

Ces dernières paroles du religieux rendirent un moment Raphaël pensif et rêveur ! — Après quelques secondes de silence, il fut emmené par l'abbé et le prieur des frères, dans un oratoire, où ils demeurèrent le reste de la journée et une partie de la nuit, tantôt en prières, tantôt en conversation pieuse, qui achevèrent de décider Raphaël à prendre l'habit monastique.

Ces trois personnages songeaient à aller prendre un instant de repos, lorsqu'il leur sembla que quelque chose d'extraordinaire se passait sous les murs du cloître.

En effet, des religieux parcouraient les cours, les galeries et les jardins, en proie à la plus vive inquiétude. L'un d'eux étant allé chez le prieur, et ne l'ayant point trouvé, arriva enfin à la porte de l'oratoire, au moment où celui-ci en sortait. Le visage couvert d'une pâleur mortelle, le religieux vint annoncer qu'une troupe d'hommes armés assiégeait le couvent et menaçait de l'incendier, si on ne lui livrait le jeune homme que la dame de Cysoing y avait amené.

Raphaël et les deux religieux se regardèrent avec surprise.

Aucun de ces trois personnages ne comprenait le motif d'une pareille demande, car, malgré la confidence que Bérengère lui avait faite lors de la confession de Gauthier, l'abbé de Loos ne connaissait qu'une très-faible partie du secret que lui avait confié le partisan.

— Je descends, dit le prieur des Frères-Mineurs, je descends, et je vais moi-même, m'informer du but de cette exigence.

Et quittant Baudouin et Raphaël, il se rendit à la porte du couvent.

Raoul y encourageait ses gens et leur ordonnait de briser l'obstacle qui s'opposait à leur entrée, lorsque le prieur parut au guichet, qu'il se fit ouvrir.

— Qui êtes-vous et que voulez-vous? demanda-t-il à Raoul.

— Je suis le sire de Bretonvillé.

— L'époux de la dame de Cysoing? fit avec surprise le prieur.

— Moi-même! répondit Raoul. Et je viens ici chercher le jeune homme que ma femme y a amené il y a quelques jours.

— Je ne puis accéder à votre demande, messire, répondit le religieux. Dès aujourd'hui ce jeune homme appartient à Dieu, et Dieu seul peut vous le rendre.

— Tête de bœuf! je l'aurai! s'écria Raoul. Je l'aurai, ou je le jure, je réduirai cette maison en cendres.

— Que la volonté de Dieu soit faite, messire! répondit le prieur. Mais, réfléchissez-y bien, c'est un grand crime que vous allez commettre.

— Je ne songe qu'à une chose, répondit Raoul: C'est qu'il me faut ce jeune homme, dussé-je perdre ma part de paradis.

A ce blasphême, le prieur referma vivement le guichet, ce qui rendit furieux le sire de Bretonvillé.

Les moines, témoins de cette scène étrange, virent bien qu'il fallait s'attendre à un malheur. Aussi, ne consultant que leur amour pour le divin Sauveur, à qui ils avaient fait vœu de consacrer leur existence, se préparèrent-ils à défendre sa maison et son temple jusqu'à la dernière goutte de leur sang.

De son côté, le sire de Bretouvillé, exaspéré des refus obstinés du religieux, ne mit plus de bornes à sa colère, vociféra des paroles de meurtre et de pillage, et jura qu'il allait tout exterminer.

En conséquence, il ordonna à sa troupe de se diviser en trois parties égales, lesquelles se dispersèrent dans le but d'attaquer le couvent. Tandis que l'une de ces parties essayait d'escalader les murs latéraux, l'autre en faisait autant de ceux qui regardaient la ville, en même temps que la troisième enfonçait à coups de hache la principale porte d'entrée, avec une ardeur digne de Raoul, qui la commandait.

Il serait difficile de se faire une idée de la terreur qui s'empara des frères, aux coups redoublés que frappaient les gens de Raoul sur la porte du couvent, qui commençait à craquer sous les efforts de ces misérables. Cependant, animés d'un saint zèle, encouragés par leur digne prieur, ils firent taire un moment leurs craintes et s'apprêtèrent à recevoir bravement leurs ennemis.

Déjà Soleïman avait escaladé les murs du côté de la ville, et ceux qui devaient tenter de s'introduire du côté opposé étaient dans le couvent, lorsque la porte se brisa avec fracas et permit aux assaillants de se ruer comme des forcenés sur les religieux, qui essayèrent, mais vainement, de les repousser.

Au premier bruit d'envahissement, Raphaël était descendu, malgré les prières de Baudouin, jusque dans la cour, où il était venu se placer en tête de ceux qui devaient défendre l'entrée du monastère.

Malgré l'obscurité d'une nuit profonde, Raoul put distinguer le jeune homme, au costume guerrier dont il ne s'était point encore dépouillé.

— Le voici ! cria-t-il à sa troupe. Haro ! haro sur lui !

Ce fut le signal d'une mêlée qui devint sanglante, car si les hommes d'armes de Raoul désiraient, en obéissant à leur maître, s'emparer de Raphaël, les religieux, stimulés par leur prieur, ne voulaient point qu'il devînt la proie du vainqueur, et cela, avec d'autant plus de raison, qu'ils connaissaient déjà sa détermination relativement aux vœux qu'il avait promis de faire.

Mais, quelle qu'eût été leur ardeur à défendre la droite du cloître, ils ne purent empêcher que le fils adoptif du Chevalier-Noir ne disparût à leurs yeux comme un éclair, enlevé qu'il fut au milieu de leurs rangs par des bras robustes, au moment où Soleïman et les autres parurent pour tripler les forces de Raoul, lequel sortit victorieux du couvent, emmenant à Cysoing l'objet de tous ses désirs, — celui qu'il croyait son rival. — Celui, enfin, pour lequel il venait de commettre les deux crimes les plus horribles : le MEURTRE et le SACRILÉGE.

Il était à peine sur le chemin de Cysoing, lorsque Baudouin parut au milieu des religieux consternés de l'audace du sire de Bretonvillé.

Sitôt qu'il eut appris le sacrilége dont venait

de se rendre coupable ce seigneur, l'abbé de Loos se rendit chez le doyen de Saint-Pierre, qui, malgré l'heure avancée de la nuit, se hâta de le recevoir.

Le doyen du chapitre de Saint-Pierre sentit son cœur se briser à cette nouvelle. Mais ce qui contribua surtout à attrister son âme, c'est que Raoul était l'ami de Ferrand, l'époux de la comtesse Jeanne, et que, sans nul doute, l'attentat dont le couvent avait été le témoin, allait plonger la pauvre princesse dans un profond chagrin. Cependant, comme il fallait qu'elle en fût instruite, le doyen se rendit au château de Buc, où il trouva Jeanne déjà levée.

Leur entretien fut court, mais lorsque le vénérable ecclésiastique se retira, les traits de la comtesse étaient bouleversés et indiquaient assez qu'elle était en proie à une violente douleur. D'après ses ordres, le doyen emmena du château cinquante hommes d'armes, avec lesquels l'abbé de Loos retourna à son couvent. Lorsqu'il eut fait connaître à ses religieux le motif de la démarche qu'il allait faire, on le vit sortir de l'abbaye, le corps ceint d'une cuirasse, l'épée au côté, comme la portaient les Templiers et les chevaliers de Saint-Jean-de-Jérusalem, puis enfin, se mettre à la tête de ses cinquante cavaliers et descendre le chemin de France, jusqu'à ce qu'arrivé à la rivière de la Marcq, il prit à gauche, le chemin qui devait le conduire au château de Raoul.

IV.

Les pensées tumultueuses qui assaillirent Raphaël, lorsqu'il se vit encore une fois dans le château de Bérengère, sont indescriptibles. Il ne comprenait point quel intérêt le sire de Bretonvillé pouvait avoir à s'emparer de sa personne, et il attendit avec une sorte d'impatience que cet homme s'expliquât.

Quand le pont-levis eut été relevé sur lui et sur sa troupe, Raoul fit conduire Raphaël dans une salle, où lorsqu'il fut arrivé, il congédia ses gens d'armes et ne garda seulement que l'africain dont nous avons parlé plus haut.

— Enfin! dit Raoul en lançant au jeune homme un regard rempli de fureur. Enfin! je te tiens en mon pouvoir et tu vas me répondre! Soleïman, ajouta-t-il en s'adressant au maure, retire-toi derrière cette portière!

L'africain s'inclina et alla s'accroupir derrière la tapisserie qui fermait l'entrée de la salle.

— Audacieux! fit le sire de Bretonvillé en marchant les bras croisés vers Raphaël, tu vas me dire à l'instant même, depuis quand durent tes relations avec la malheureuse que je viens de punir?

— Mes relations? demanda Raphaël avec étonnement.

— Oui; tes relations coupables; tes relations d'amour que je prétends punir aujourd'hui et pour lesquelles je viens de me damner.

— Je connaissais à peine la dame de ces lieux, répondit Raphaël.

— Raison de plus pour que je m'étonne de votre intimité, dit Raoul.

— Notre intimité ? répéta le jeune homme en ouvrant des yeux où se peignait la surprise.

— Sans doute ! fit l'époux de Bérengère. Allons ; une réponse catégorique, ou je fais un signe, et tu meurs !

— Je ne crains pas la mort, répondit Raphaël, et votre menace ne me ferait point parler si je n'avais un devoir à remplir ; devoir sacré que m'impose la religion que j'aime, et qui m'oblige à disculper une innocente créature que vous accusez faussement.

Là, le jeune homme se mit à raconter naïvement la mort de son père adoptif, la venue de Bérengère au couvent, son séjour dans la rue des Foulons, le sac du château, et enfin, la protection dont l'entoura la dame de Cysoing.

Au récit de Raphaël, Raoul de Bretonvillé devint soucieux ; mais, après quelques secondes de silence, la jalousie reprenant son empire sur ce cœur ulcéré par les paroles du sire de Noyelles, il entra dans une fureur d'autant plus grande, que l'espoir qu'il avait de trouver sa femme coupable, venait d'être déçu.

— Mensonge, que tout cela ! dit-il en prenant Raphaël par le bras. — Mensonge ! Parle vrai, encore une fois, ou tu meurs !

— Je jure devant Dieu, que c'est là tout ! répondit le jeune homme. Tuez-moi si vous le voulez, mais je ne dirai jamais que ce qui est.

— Misérable! hurla le sire de Bretonvillé, tu veux donc que je commette un nouveau crime?

— Libre à vous, messire! répondit le jeune homme avec calme. Notre divin Sauveur m'a donné l'exemple du courage. — Frappez! mais je ne mentirai point à ma conscience.

La noblesse, la dignité et la douce expression de la figure de Raphaël, achevèrent d'exaspérer le sire de Bretonvillé, qui, dans sa rage, se rua sur lui, l'épée à la main, avec l'intention de l'en frapper; mais une puissance invincible arrêta son bras... — Et lorsqu'il vit sa victime couchée par terre, il recula de deux pas, comme un homme qui a horreur de son action, et s'écria:

— Non! Non! Ce ne sera point moi!

Puis, il disparut derrière la tapisserie.

Que s'était-il donc passé dans l'âme de cet homme à ce moment suprême?

Nous l'ignorons.

Toujours est-il, que ce ne fut pas lui qui revint, mais Soleïman, le cœur palpitant, la figure bouleversée et tenant dans sa main un poignard, dont la lame brilla aux yeux de Raphaël, sans qu'il en éprouvât la moindre émotion.

— Tu es chrétien? demanda le sicaire.

— Oui! répondit le jeune homme.

— En ce cas, prie ton Dieu de te recevoir, car tu vas bientôt paraître devant lui.

— Je suis prêt! répondit Raphaël, les bras croisés sur sa poitrine, et dans l'attitude du martyr qui attend le supplice.

Soleïman, malgré son caractère et ses mœurs sauvages, ne put s'empêcher d'admirer la sainte résignation de Raphaël et de s'arrêter court.

A ce moment, quelque chose d'étrange se passait au dehors.

Soleïman jeta un regard vers la fenêtre, et sans doute qu'il reconnut la nécessité d'en finir, car il se jeta sur Raphaël, surpris, lui plongea son poignard dans le sein et s'enfuit comme un insensé, tandis que sa victime tombait sur le carreau baignée dans son sang.

L'africain rencontra Raoul sur les marches de l'escalier.

— Est-ce fini? demanda-t-il.

— C'est fini! répondit Soleïman — Mais, as-tu vu, maître? ajouta-t-il avec terreur.

— Quoi?

— Nous sommes assiégés!

— Assiégés?

— Oui: la plaine est couverte d'hommes.

— N'importe! s'écria Raoul; je suis vengé; je puis mourir!

Et gagnant les cours de son château, il y trouva ses gens armés, mais, n'osant faire un pas sans ses ordres.

. . . .
. . . .
. . . .

Le lecteur se doute bien que les assaillants dont vient de parler l'africain, sont ceux que Baudouin menait à sa suite.

En effet, l'abbé de Loos, qui n'était arrivé qu'au petit jour en vue du château, n'avait pas songé qu'il fallait en faire le siège, puisque le pont-levis en fermait l'entrée. Il lui fallut donc avoir recours à un moyen, dont il pouvait disposer sans danger, mais il dut pour cela attendre que le soleil fut entièrement levé.

Ce peu de temps suffit pour que les paysans des villages voisins, instruits de sa démarche, se joignissent à sa troupe, tant par affection pour Bérengère, que par la haine que leur inspirait la conduite de Raoul.

Baudouin, qui visitait souvent le château de Cysoing, savait que le gardien du pont avait pour Bérengère un attachement sincère. Cet homme avait dû éprouver une vive douleur en apprenant la mort de la châtelaine, et, comme la rumeur publique accusait déjà l'époux, il devait le détester Il conclut de cela, que s'il pouvait se mettre en rapport avec lui, la prise du château était certaine.

A cet effet, il laissa sa troupe dans le bosquet où Simon de Montfort avait laissé la sienne lors de son expédition, et se dirigeant seul vers les fossés, il attendit, caché derrière un buisson de houx, que celui qu'il voulait gagner se montrât.

Il eut la patience d'attendre une heure. Mais, aussi, sa démarche fut-elle couronnée d'un plein succès. A l'aide de signaux, il parvint à faire comprendre au gardien le but de sa visite et quelques minutes après, l'abbé, ses cinquante hommes et les gens de la campagne passèrent sur le pont-levis et s'engagèrent sous la voûte, sans que Raoul et les siens s'en doutassent.

Ce fut cette marche sur le pont-levis, qui

fit que l'africain consomma son œuvre avec une rapidité telle, qu'elle ne permit point à Raphaël de voir venir la mort.

Raoul prévit bien qu'il y allait avoir entre ses agresseurs et lui, un combat sans trêve ni merci ; un de ces combats dans lesquels on frappe, on tue et l'on succombe sans demander grâce.

A voir l'ardeur avec laquelle Baudouin et ses gens d'armes attaquèrent les compagnons du sire de Bretonvillé, celui-ci ne douta plus qu'il fallait vaincre ou mourir dans cette lutte.

Aussi, de part et d'autre, y eut-il bien du sang de répandu.

Nous n'entrerons point dans les détails de ce combat, dont tout l'intérêt fut une lutte acharnée entre gens disposés à ne rien céder à leurs ennemis. Nous dirons seulement, qu'après une demi-heure dans laquelle les épées se croisèrent et s'entrechoquèrent, dans laquelle les cris des mourants vinrent se joindre aux blasphèmes et aux imprécations des combattants, la victoire demeura au bon droit, c'est à dire que les gens de Cysoing furent exterminés ; Raoul, fait prisonnier par Baudouin, fut emmené sous bonne escorte à Lille, tandis qu'on parcourait le château, pour se mettre à la recherche de Raphaël, qu'on retrouva à la même place où l'avait laissé Soleïman.

UN MIRACLE.

I.

Le lendemain du jour où le sire de Bretonvillé, vaincu par Baudouin, fut amené à Lille et enfermé dans une des tours du château, il y avait grande rumeur dans la ville.

Sur la place du marché et au midi de l'église Saint-Etienne, des artisans étaient occupés à dresser un échafaud. C'était celui qui devait servir au supplice de Bertrand de Rains, dont les juges venaient de prononcer l'arrêt, lequel devait être exécuté dans la journée.

En même temps qu'on terminait ces tristes apprêts, l'abbé de Loos, après avoir déposé son prisonnier en lieu sûr, était allé demander audience à Jeanne, qui le reçut les larmes aux yeux.

— Que venez-vous m'apprendre? demanda-t-elle.

— Hélas, madame! il nous a fallu faire le siège du château, pour nous emparer du meurtrier, et le sang a encore une fois coulé.

— Le malheureux! s'écria la comtesse. Quel changement s'est donc opéré dans son cœur autrefois si bon, que j'avais plaisir à porter mes regards sur l'union qui régnait entre sa femme et lui?

— Je l'ignore, madame! répondit l'abbé.

Tout ce que je sais, c'est que cet homme a commis deux crimes abominables et qui méritent une punition exemplaire.

— Justice sera faite! répondit Jeanne, dont la poitrine hatelante trahissait l'émotion que lui causait la nécessité de sévir contre son ancien écuyer. Retournez à Loos, et qu'à l'heure de midi je vous retrouve au milieu du clergé et des nobles flamands que j'ai convoqués pour ce jour solennel. La justice et la religion seront satisfaites, je vous en donne l'assurance.

Ces derniers mots furent prononcés par la comtesse de Flandre, avec un tel accent de douleur et de tristesse, que l'abbé ne crut pouvoir moins faire, que de lui demander la permission de demeurer, pour la consoler et lui redonner quelque peu de courage ; mais l'âme noble et fière de Jeanne refusa cette offre, et Baudouin reprit immédiatement le chemin de son couvent.

Jeanne aurait bien voulu se rendre à la tour dans laquelle l'époux de Bérengère était enfermé ; mais, outre qu'elle craignait d'aggraver ses maux par sa présence, elle en fut empêchée par l'arrivée de la noblesse flamande, qu'elle avait convoquée pour assister au supplice de l'imposteur qui l'avait un moment fascinée.

En une heure, la cour principale du château fut remplie de seigneurs aux costumes étincelants d'or et de pierreries ; lesquels vinrent tous se ranger autour de la comtesse de Flandre, qui les attendait dans la grand-salle. Parmi ces nobles, beaucoup avaient à se faire pardonner la part qu'ils avaient prise dans l'échauffourée de Bertrand, aussi n'osèrent-ils se présenter qu'en tremblant devant la comtesse. Mais, celle-ci, remplie du désir de pardonner, leur fit un accueil qui dissipa toutes leurs craintes et dès-lors, ce fut un échange de paroles, où se peignit d'un côté le repentir le plus sincère et de l'autre, l'oubli du passé.

On remarquait parmi les nobles Flamands réunis là : Gaucher d'Arleux, Jehan de Courtils, Guillaume de Dampierre, Gilles Lebrun, sire de Trasignies, Jehan de Valenciennes, le sire d'Hennin-Liétard, Baudouin de Mérode, le seigneur d'Antoing, Ernout d'Armentières, Henry d'Asche, Jehan d'Avesnes, Gauthier de Bambecque, le châtelain de Beaumont, le sire de Beauvoir, Bauduin de Berghes, Helvin de Béthencourt, le seigneur de Buisseret, Colard de Capinghem, Bauduin de Commines, Roger de Courtrai, Renaud de Fresne, Siger de Gand, Guillaume d'Halluin, Gauthier de Ligne, Guillaume de Loos, Bauduin de Neuville, Gervais de Péronne et Robert de Wavrin.

Après la réception, Jeanne offrit le repas du matin, qui fut accepté ; puis lorsque l'heure de midi approcha, le cortège des nobles, Jeanne à sa tête, sortit du château de Buc, traversa le pont du Castiel, qui séparait l'île du reste de la ville, gagna la grande chaussée et se dirigea vers la place du marché, où se pressait déjà une foule immense.

Tandis que Jeanne recevait sa noblesse, le clergé de Lille, bannières déployées, allait prendre place sur l'estrade dressée pour lui. Il en fut de même des corporations ouvrières, qui vinrent plus tard entourer le trône qui avait été préparé pour la comtesse.

Trois heures avant le départ de Jeanne pour la place du marché, c'est-à-dire, pendant le repas du matin, Baudouin, qui avait appris en arrivant à l'abbaye une étrange nouvelle, dépêcha vers la comtesse de Flandre un messager, qui lui remit son parchemin scellé, au moment où elle se levait de table.

La figure si noble de Jeanne éprouva un vif mouvement de joie, à la lecture du message, et une légère teinte rosée vint couvrir ses joues, qui étaient demeurées jusque là pâles et décolorées.

Il fallait que ce message se rattachât aux événements qui devaient s'accomplir dans la journée puisque, immédiatement après le départ de son envoyé, Baudouin, sortit de l'abbaye de Loos, suivi de quelques moines, qui accompagnaient un pèlerin, placé sur un chariot, qu'ils conduisirent ainsi jusqu'à la porte de Weppes. Lorsque ce petit cortège fut entré dans Lille, on le vit prendre la rue Esquermoise, jusqu'à l'église Saint-Étienne, dans laquelle il entra. Le pèlerin, dont les jambes chancelantes annonçaient un vieillard prêt à succomber sous le poids des années, ou quelque chrétien malade qui venait rendre visite à sa souveraine avant de mourir; le pèlerin, disons-nous, eut toutes les peines du monde à marcher jusqu'à la sacristie, où le conduisit l'abbé de Loos.

Laissons-les pénétrer dans Saint-Étienne, pour admirer sur le chemin de France, le concours immense de population qui s'y pressait, et au milieu duquel, quatre vigoureux paysans portaient sur leurs épaules, un brancard recouvert d'un drap de soie, qui enveloppait sans doute quelque riche seigneur paralytique, ne voulant pas quitter ce monde sans avoir payé son tribut d'admiration à la comtesse Jeanne.

Ces deux cortéges se dirigeant en sens inverse vers Lille, y arrivèrent presque en même temps.

Quoique les nobles, le clergé et le peuple fussent déjà rangés de chaque côté de l'estrade sur laquelle était assise Jeanne de Constantinople, les paysans qui portaient le brancard, obéissant sans doute à un ordre, après avoir franchi la porte de Fives, traversèrent la place du marché, déjà couverte de monde, et se dirigèrent, non sans peine, vers l'église où les attendait Baudouin, qui vint les recevoir sur les marches du temple.

Il y avait donc à peine un quart-d'heure que le pèlerin et le paralytique étaient dans l'église Saint-Étienne, lorsqu'un héraut annonça les membres du tribunal. De bruyantes acclamations signalèrent leur arrivée, et chacun d'eux vint prendre place sur l'estrade qui se trouvait près du trône de Jeanne.

La rumeur causée par l'arrivée successive de la noblesse, du tribunal, des corporations et du peuple, était à peine calmée, que toutes les cloches des églises sonnèrent, en même temps qu'un sourd murmure annonça la présence du condamné, qu'on venait d'extraire de la prison pour l'amener sur la place.

Les gardes et les bourreaux qui accompagnaient le patient, eurent mille peines à se frayer un passage jusqu'à l'enceinte où se dressait l'échafaud. Il leur fallut plus d'une demi-heure pour franchir la distance qui séparait la place du marché de la prison.

Enfin, ce sinistre cortége arriva au pied de l'instrument du supplice.

Bertrand n'avait plus cette assurance qu'il avait conservée jusqu'à ce jour fatal. En présence de cette mort honteuse, le pauvre ermite sentit ses jambes fléchir, et l'on dut lui donner un escabeau pour s'y reposer.

Pendant son dernier entretien avec le prêtre qui l'assistait, le bourreau et ses aides, écussonnés au lion de Flandre, terminèrent les préparatifs du supplice et bientôt commença l'exécution.

Nous ferons grâce au lecteur des détails de ce supplice, qui ne dura pas moins d'une heure. Après qu'il eut confessé publiquement son crime, le bourreau, suivant l'usage, présenta au patient un gobelet de vin, qu'il but tout d'un trait ; puis, après lui avoir rompu les membres, il le plaça sur la roue, où il demeura exposé pendant une demi-heure ; puis enfin, son cadavre placé sur la claie d'infamie, fut traîné dans les rues de Lille, et pendu ensuite aux fourches patibulaires, pour y être dévoré par les oiseaux de proie.

Lorsque les chevaux eurent quitté la place,

traînant après eux le cadavre de Bertrand, Jeanne fit signe afin qu'on l'écoutât et parla ainsi :

— Ministres de Dieu, nobles seigneurs et peuple ; justice est faite d'un grand coupable, et je regrette d'avoir à vous demander encore un monent d'attention ; car il s'agit, cette fois, d'un homme que j'estimais et que j'avais autrefois attaché à ma personne. Jusqu'à ce jour, il a été regardé comme le plus noble d'entre les nobles, le plus brave d'entre les braves, mais il a terni sa gloire par deux crimes dont la seule pensée mériterait l'exécration de tout ce qui porte le titre de chrétien. Il va vous être amené. Vous entendrez ses accusateurs, vous écouterez sa défense et vous jugerez. Seigneur abbé, dit-elle en s'adressant à Baudouin, faites venir le coupable.

L'abbé de Loos, accompagné de quelques archers, s'achemina vers le château de Buc, tandis que toute l'assemblée, au comble de la surprise, se regardait avec une sorte d'épouvante et interprétait de différentes manières les paroles de la comtesse.

Enfin, débouchèrent par la grande chaussée, sur la place du marché, les gardes amenant avec eux le sire de Bretonvillé, sans armes ni cuirasse, et qui jeta un cri de terreur à la vue de Jeanne et de cette nombreuse assemblée.

La surprise des assistants égala celle de Raoul.

Lorsqu'elle le vit au pied du trône, la comtesse de Flandre, qui n'avait cessé de jeter sur lui un regard sévère, lui cria avec force :

— A genoux! à genoux!

Raoul, à moitié fou, obéit machinalement.

Oh! c'était un triste spectacle, que de voir cet homme, naguère encore si fier, si hautain, courbant sa tête pantelante vers la terre, aux pieds de sa souveraine, tremblant comme un enfant, et n'osant lever les yeux sur ses compagnons d'armes, témoins de sa honte et de sa défaite.

Jeanne fit cesser le supplice de Raoul en faisant approcher l'abbé de Loos. A ce moment suprême, le sire de Bretonvillé sentit ses jambes défaillir et un frisson glacial parcourut tous ses membres.

— Saint père, dites ce que vous savez des crimes de ce seigneur! fit la comtesse.

— Devant Dieu et devant les hommes, répondit Baudouin, j'affirme que ce chevalier a fait périr sa femme dans les eaux de la Marcq.

— La preuve? demanda Raoul assez bas.

— Elle vous sera donnée tout à l'heure! dit Jeanne; continuez, saint père!

— Je jure encore, ajouta l'abbé, qu'à l'aide de la force et de la violence, il est entré dans le couvent des Frères-Mineurs de cette ville, et qu'il y a enlevé un novice, après avoir traîtreusement et méchamment répandu le sang des religieux qui s'opposaient à cette iniquité.

— La preuve? la preuve encore une fois, demanda Raoul, avec un peu plus d'assurance.

Les religieux que Baudouin avait fait venir sur la place, s'avancèrent.

Raoul fut confondu.

— Quant à vos accusateurs, les voici, regardez! fit Baudouin, en indiquant le côté de la place où se trouvait l'église Saint-Etienne, et d'où les assistants purent voir s'avancer, à la distance de vingt pas l'un de l'autre, et la figure entièrement couverte, le paralytique et le pèlerin.

Arrivés au pied du trône, ces deux personnages levèrent le voile qui couvrait leur visage, et une exclamation de surprise s'échappa de leur bouche, lorsque leurs regards se rencontrèrent; en même temps que Raoul, qui venait de les reconnaître, jeta un cri d'épouvante, et tomba sans mouvement sur le pavé de la place.

II

Pendant qu'on s'empressait de donner des soins à Raoul évanoui, le pèlerin et le paralytique se jetèrent dans les bras l'un de l'autre en versant des larmes d'attendrissement.

Revenu de sa léthargie, l'époux de Bérengère promena autour de lui des regards inquiets, afin de s'assurer qu'il n'était pas le jouet d'un songe, ou de quelque hallucination; mais, lorsqu'il eut de nouveau fixé ceux dont la présence l'avait tant épouvanté, il s'écria, en se cachant la figure comme pour échapper à un spectacle effrayant:

— La tombe... la tombe rend-elle donc sa proie?

— Non, messire, répondit le plus jeune de

ces deux personnages ; mais le ciel opère quelquefois des miracles, pour confondre l'imposture et punir le crime.

— Un miracle? un miracle? C'en est un en effet, que votre présence ici, dit Raoul, en penchant sa tête sur sa poitrine avec découragement.

— Vous ne vous y attendiez point, n'est-il pas vrai? demanda le prétendu paralytique. — Et lorsque vous avez ordonné ma mort, vous comptiez trop sur mon bourreau, pour craindre ma présence à ce moment suprême?

— Votre nom? demanda Jeanne à celui-ci.

— Raphaël! répondit le jeune homme en s'inclinant; Raphaël, qui vient affirmer devant Dieu et devant vous, noble comtesse, que cet homme est un meurtrier, un impie, un sacrilége....

— Enfant! enfant! s'écria le pèlerin en s'approchant, autant que ses forces le lui permirent, de Raphaël, sur la bouche duquel il mit un doigt, comme pour le réduire au silence. — Enfant! que fais-tu?

— Je rends justice à la vérité, répondit Raphaël. N'est-ce point assez d'avoir manqué de périr sous le fer du sicaire de ce misérable; faut-il encore qu'il échappe au châtiment?

Il ne put continuer, car le pèlerin comprima de nouveau sa voix, en lui disant :

— Innocent ou coupable, ton devoir est de le défendre.

— Le défendre? moi? fit Raphaël, atterré de l'assurance de son interlocuteur.

— Oui : le défendre au péril de ta vie, ajouta-t-il ; et je supplie la comtesse de Flandre de m'excuser, si je tiens en sa présence ce langage injuste en apparence, mais c'est celui que me dicte ma conscience !

— Rien ne pourra m'empêcher de dire que cet homme est un assassin, fit Raphaël.

— Un impie ! ajouta le prieur des Frères-Mineurs.

— Un sacrilége ! dirent, d'une voix sombre, les religieux.

— Mais, à tes yeux, tous ces crimes doivent disparaître, dit le pèlerin à Raphaël.

— Est-ce possible ? fit celui-ci, en enveloppant Raoul d'un regard d'inquiète curiosité.

— Oui, enfant ! et de plus, il faut qu'à l'instant même, tu te jettes aux pieds de ta souveraine, pour la supplier de t'accorder sa grâce !

— Jamais ! s'écria Raphaël en reculant d'un pas.

— Il le faut ! dit le pèlerin, en le ramenant par la main, au pied du trône.

— Jamais, vous dis-je !

— Tu le dois !

— C'est impossible !

— Ton devoir te l'ordonne !

— Mon devoir ?....

— Et la nature te le commande !

— Mais.... quel est donc cet homme ?.. demanda Raphaël, en proie à une surexcitation nerveuse causée par la persistance de son interlocuteur.

— Cet homme ?... fit le pèlerin.

— Eh bien ?.. demanda Raphaël avec anxiété.

— C'est?..

— C'est ton père!....

— Ciel!.. s'écria le jeune homme, saisi tout à coup d'un tremblement involontaire à cette brusque révélation — Mon père?.. lui?. lui?..

Et se cachant la figure de ses deux mains, il se mit à verser des larmes.

— Mon fils? s'écria Raoul avec stupéfaction. Mon fils?

La comtesse, les religieux, les chevaliers et le peuple, se regardèrent et semblèrent un moment s'interroger. Dans le doute, chacun se demanda quel fond on devait faire des paroles de cet homme, qui paraissait connaître un des secrets les plus intimes de la vie de l'accusé.

Ce fut Raoul qui rompit le silence dont avait été suivi la révélation du pèlerin.

— Je n'eus jamais de fils! dit-il, espérant par là continuer à cacher une première faute. — Je ne connais point ce jeune homme....

— Messire, dit le pèlerin, en l'empêchant de terminer sa phrase, n'ajoutez pas à vos crimes celui du mensonge. Ce jeune homme est votre enfant, et je vais vous en donner la preuve!

— La preuve?.. dit Raoul.

— Vous avez connu dans cette ville, et près de la collégiale de Saint-Pierre, une femme du nom de Jeanne Raimbaut?

— Jeanne! exclama Raoul.

— N'eûtes-vous pas un fils de cette femme?. Osez le nier?...

— Mais....

— En l'année 1199, n'eûtes-vous pas une affaire près de Saint-Maurice, à quelques pas de la porte de Fives?..

— C'est vrai! Mais, comment savez-vous?.. dit enfin le sire de Bretonvillé, qui vit bien l'impossibilité de se soustraire aux questions du pèlerin.

— Que vous importe? répondit celui-ci. Vous fûtes victime d'une erreur, frappé de vingt coups de poignard, jeté dans la Deûle et recueilli par un chevalier, qui vous conduisit dans une cabane, près la porte de Courtrai....

— C'est encore vrai!...

— Là, vous fûtes laissé mourant, et la chaumière, incendiée quelques heures plus tard, fit croire à votre mort...

— En effet! Mais encore une fois, comment savez-vous?... demanda Raoul avec surprise.

— C'est que l'enfant recueilli par ce chevalier, chez Jeanne Raimbaut, au moment où elle expirait, écrasée par la nouvelle de votre mort; c'est que cet enfant, dis-je, c'est celui là! c'est que vous êtes l'homme qu'on a retiré des flots, et que je suis ce chevalier, à qui vous devez la vie. C'est que vous êtes le sire Raoul de Bretonvillé, l'amant de Jeanne Raimbaut, et que je suis *Gauthier de La Marche*, surnommé le *Chevalier-Noir*.

— Le Chevalier-Noir? s'écrièrent avec une sorte d'épouvante les assistants, qui étaient encore sous l'influence de la terreur qu'inspirait naguère le nom de Gauthier.

— Oui, Messeigneurs, je suis ce Gauthier de la Marche, autrefois si redoutable, aujourd'hui, repentant et pleurant ses fautes ; faisant vœu, puisque Dieu lui a rendu la vie, après l'avoir conduit aux portes du tombeau, de se consacrer à son service, et de vivre désormais en chrétien et en pénitent.

A ce moment, l'attitude de Raoul était celle de l'homme résigné. Son œil, qui, parfois se se dirigeait vers son fils, dont il essayait de scruter la pensée, s'en détachait bientôt, pour se fixer sur la comtesse de Flandre, dont l'âme tendre et bonne cherchait un moyen de concilier son devoir de souveraine, avec le désir de ne point être injuste. Quant à Raphaël, atterré, confondu, il s'était rapproché de son père adoptif, dont il pressait tendrement les mains, et ils devinrent bientôt tous deux l'objet des soins et des prévenances de l'abbé de Loos, dont le cœur était rempli de joie, de cette résurrection qu'il attribuait à la Providence.

Enfin, Jeanne se leva et prit la parole.

— Messeigneurs, et vous tous qui avez entendu ce qui vient d'être dit, quelle est votre opinion ? Prononcez !

Tous les yeux se portèrent sur Raphaël et sur son père, puis, un seul cri se fit entendre, ce fut celui-ci :

— Grâce ! Grâce !

— Vous prévenez mes vœux, répondit la comtesse. Mais, comme il faut que le crime soit expié, je cède au désir que vous venez d'exprimer à une seule condition.

— Laquelle ? demanda Raphaël d'une voix anxieuse.

— C'est que le coupable quittera ce monde et entrera dans un cloître.

— Comtesse! s'écria Raoul en fléchissant le genou et le front courbé jusqu'à terre, j'obéirai!

— Et maintenant, ajouta Jeanne, embrassez votre fils!

Le sire de Bretonvillé se jeta dans les bras de Raphaël, qui ne put prononcer une seule parole, tant était grande son émotion ; puis, après quelques mots échangés entre eux, la comtesse de Flandre, voulant faire cesser une entrevue qui aurait été mille fois plus pénible si elle se fut prolongée, dit à Raoul:

— Quel monastère choisissez-vous?

— Celui de Loos, répondit le sire de Bretonvillé.

— Et moi, celui des Frères-Mineurs, dit Raphaël.

— Quant à moi, dit Gauthier, j'ai promis de mourir dans une des maisons religieuses de Gand, mon pays natal.

— Qu'il soit fait ainsi que vous le désirez, dit la comtesse de Flandre.

. . . .
. . . .

Quelques instants après les dernières paroles de Jeanne, il ne restait plus sur la place du Marché que quelques gens d'armes, gardant les débris de l'instrument du supplice que les valets du bourreau faisaient charger sur un char.

Raoul, escorté par une compagnie d'archers, fut conduit jusqu'à l'abbaye de Loos, tandis que Gauthier et Raphaël, après s'être dit un éternel adieu, gagnèrent chacun de leur côté le couvent qu'ils avaient choisi pour y terminer leurs jours.

Ainsi s'ensevelirent dans le cloître, trois hommes jetés dans ce monde, au milieu des écueils les plus dangereux ; trop heureux, après les agitations d'une vie remplie de fautes ou de crimes, de trouver une religion qui ouvre ses bras au repentir, console les affligés, jette un baume salutaire sur les blessures, et permet encore au coupable de se réconcilier avec Dieu et de conserver l'espérance d'avoir, au terme de sa carrière en ce monde, sa part à la béatitude céleste que l'Eternel réserve à ses élus.

CONCLUSIONS.

Le 25 Août de cette année 1225, la comtesse Jeanne, voulant donner à ses vassaux la preuve que son cœur ne conservait aucun ressentiment de leur désobéissance, déclara par un acte public qu'elle pardonnait aux Flamands leur félonie, voulant bien croire, y disait-elle, que cette félonie n'était que le résultat de l'aveuglement et de l'erreur.

Assurée désormais de la fidélité de ses sujets, la comtesse de Flandre renouvela ses instances auprès du roi de France, pour obtenir la liberté de Ferrand, qui lui fut enfin rendu après douze années de captivité. Mais l'époux de Jeanne expira bientôt des suites de la maladie qu'il avait contractée dans la tour du Louvre. Et comme si le Ciel n'eût point encore été satisfait des souffrances qu'avait endurées déjà la pauvre comtesse, il la frappa dans ses plus chères affections, en rappelant à lui la princesse Marie, cette enfant qu'elle adorait et qui venait d'être fiancée au frère du roi de France.

Jeanne subit cette cruelle épreuve et se soumit à la volonté de Dieu, sans murmure et sans plainte.

Cette mort plongea le peuple flamand dans la douleur, et bientôt sa voix se fit entendre. Elle dit qu'il fallait à la couronne comtale un héritier, et Jeanne, malgré le deuil qu'elle conservait dans son cœur, donna sa main à Thomas de Savoie. Mais, cette fois, l'attente du peuple fut trompée, car cette union sur laquelle il fondait tant d'espoir, fut stérile.

Pourtant, depuis le second hymen de Jeanne, la paix régna dans le comté de Flandre, qui ne fut plus témoin que des actes de charité chrétienne de sa souveraine, de sa sollicitude pour les pauvres, et de ses libéralités pour les maisons religieuses dont elle devint la fondatrice.

Cet état de choses dura jusqu'au 5 Décembre 1244, époque à laquelle l'âme de Jeanne de Constantinople se détacha de ses liens terrestres, pour aller recevoir là-haut la couronne du martyre qu'elle avait subi sur cette terre.

FIN DE LA PREMIÈRE PARTIE.

DEUXIÈME PARTIE.

LA FLANDRE

sous

MARGUERITE DE CONSTANTINOPLE.

Le SONGE de JEAN D'AVESNES.

Marguerite de Constantinople venait de mourir. Minée par la fièvre, elle succomba à 80 ans, après une vie orageuse qui a été diversement jugée par les historiens. Lorsqu'elle vit sa fin approcher, elle se démit de son pouvoir en présence des nobles barons des comtés de Flandre et de Hainaut. Jean d'Avesnes II, son petit-fils, auquel elle avait depuis longtemps rendu toute sa faveur, fut solennellement reconnu comte du Hainaut, et la cérémonie de son couronnement se fit le 12 Mai 1279, en l'église de Sainte-Waudru, de Mons. — Guy de Dampierre, son oncle, fut proclamé comte de Flandre, le 11 Septembre de la même année. (2)

---

(2) Le Glay. — *Histoire des comtes de Flandre.*

Cinq mois plus tard, Marguerite succombait et sa dépouille mortelle était déposée à l'abbaye de Flines, qu'elle avait fondée.

Jean d'Avesnes II, fils de ce Jean d'Avesnes qui avait si longtemps combattu sa mère, à propos du Hainaut, ne se crut point, malgré son couronnement, tranquille possesseur de cette province, vu les avis secrets qui lui parvenaient sans cesse, sur les intentions qu'on prêtait à Guy de Dampierre, de s'emparer d'un jour à l'autre de ce comté. Encore ému de la perte de son aïeule, Jean d'Avesnes était d'autant plus accessible à ces insinuations, que son esprit dominé par les barons intéressés à renouveler les querelles de succession, ne lui laissait ni trève ni repos. D'un autre côté, le clergé, qui avait sans doute aussi des raisons pour circonvenir le jeune souverain, employait d'autres moyens, qui n'étaient ni moins puissants, ni moins capables d'ébranler sa conscience inquiète.

Sans cesse tiraillé par les deux partis, le malheureux prince passa bien des nuits sans sommeil, bien des jours sans joie ; et si parfois sa paupière appesantie par les veilles, venait à se fermer, des songes étranges, des hallucinations sans pareilles faisaient de ces instants de repos, une torture qui lui devenait insupportable.

Parmi ces gens intéressés au trouble des deux états voisins, Marguerite avait compté bien des ennemis. Aussi, que de crimes ne lui imputèrent-ils pas? De combien d'infamies ne ternirent-ils point sa mémoire devant Jean d'Avesnes, dont la piété filiale repoussa beaucoup de choses, mais à qui la conduite de Marguerite envers son père, permettait d'en accueillir tant d'autres.

Ainsi obsédé, le pauvre prince ne savait à quel parti s'arrêter. Indisposer sa noblesse, c'était s'en faire une ennemie. Accueillir ses propos, c'était ternir la mémoire de son aïeule, ce qu'il n'aurait point voulu faire, même au prix de sa couronne.

La position de Jean d'Avesnes était donc fort malheureuse.

Un soir, après une longue veillée de méditation et de prières, Jean II, accablé de fatigue, succomba au sommeil, ses paupières s'appesantirent et il s'endormit.

Il vit en songe le cortége de nobles et de prêtres qui avaient l'habitude de l'entourer, passer et repasser devant lui en lui lançant, à l'endroit de Marguerite, les épithètes les plus injurieuses.

Jean s'agita sur sa couche, les repoussa du pied et de la main, mais ce moyen fut impuissant contre un petit vieillard qui semblait cloué au sol et qui lui dit :

— Ah ! tu ne veux pas me croire ? eh bien ! prince, écoute cette histoire et tu verras, si ce que ces nobles et dignes hommes ont dit, n'est pas vrai !....

Et déroulant un parchemin jauni par le temps, il commença sa lecture, que Jean d'Avesnes n'osa interrompre.

Il parla de la sorte :

« *Ceci est l'histoire des Ronds du Hainaut* ».

L'HOTELLERIE DU FAUCON-BLANC

— C'est une atrocité !
— C'est une infamie !
— Nous sommes des lâches de souffrir tout cela !
— La misère est à son comble !
— Tout le monde meurt de faim !
— Il ne restera bientôt plus rien à donner à la maudite !
— Par le Christ ! mes maîtres, il lui restera encore nos peaux ! Qui sait si quelque jour il ne lui prendra pas l'envie de les envoyer aux tanneries de Bruges ?
— Pour en faire des baudriers à ses vassaux.
— Des sandales à ses écuyers.
De cette façon, on pourra dire, qu'après nous avoir fait courber le front jusque dans la poussière, Marguerite la Noire nous aura fait fouler aux pieds, même après notre mort.
— Horreur !
— Abomination !
— Sacrilége !
— Damnation !
— Damnation !
— Damnation !
Telles furent, par une soirée froide et brumeuse, les imprécations dont retentit la grande salle de l'hôtellerie du Faucon-blanc, dans le bourg d'Ath, le mercredi 30 octobre 1255.

C'était peut-être beaucoup d'audace de la part de ceux qui osaient parler ainsi, à cette époque, où la comtesse Marguerite de Flandre venait de redoubler de sévérité envers les habitants du Hainaut. Mais, comme on a pu le voir, ils étaient tellement exaspérés, que nulle puissance humaine n'aurait pu les empêcher de manifester leur mécontentement. Malheureusement, là se bornait toute leur opposition ; car, le courage leur manquait lorsqu'il fallait prendre les armes, dès qu'un nouvel impôt ou une nouvelle taxe venait les frapper.

A la suite de ce colloque entre les bourgeois d'Ath, un silence profond s'établit subitement, car l'hôtelier venait d'annoncer la présence de quelqu'un, qui, en frappant sur les volets de la fenêtre, demandait à entrer.

Tous les assistants se regardèrent. Quelques-uns pâlirent et ne purent retenir une exclamation d'effroi.

Ses hôtes prévenus, le maître de la maison alla ouvrir.

Un homme d'une quarantaine d'années, couvert d'une tunique qui lui descendait jusqu'aux genoux, le corps ceint d'un baudrier de cuir, qui retenait un juste-au-corps de couleur foncée, la tête couverte d'un chaperon auquel était appendu une amulette de plomb, entra dans la salle d'un air délibéré, secoua de sa moustache et de ses longs cheveux le givre qui les couvrait, déposa son chapeau sur une chaise et s'achemina vers les bourgeois attablés.

Ceux-ci n'eurent pas plus tôt jeté les yeux sur le nouveau venu, qu'une exclamation de plaisir sortit de leur bouche.

— Bolwel? Bolwel à Ath!

Tels furent les mots que chacun des assistants prononça en se levant, et en tendant la main à celui qui venait d'entrer.

— Oui, mes amis, me voilà de retour! répondit Bolwel; et Dieu merci, ce sera pour longtemps. Au diable la Flandre et sa maudite comtesse! j'ai assez de son service!

— Et nous, assez de son pouvoir! dit un des assistants.

— Par l'enfer! cela ne m'étonne nullement, répliqua Bolwel; car, j'en ai appris de belles depuis mon départ.

— C'est à n'y plus tenir! ajouta un des bourgeois. — Si encore, nous connaissions les motifs de ses persécutions, nous pourrions juger de leur opportunité, mais, que Dieu ait mon âme, si je sais un traître mot de tout ce long grimoire que le grand bailli nous a lu dimanche sur la grand'place!

— Ni moi non plus! dit un second.
— Ni moi! dit un troisième.
— Ni moi!
— Ni moi!
— Ni moi!

Répondirent chacun à leur tour les bourgeois assemblés.

— Si vous le voulez, mes amis, et puisque la soirée n'est pas trop avancée, je vous mettrai au courant, et vous dirai les causes du malheur qui est venu fondre sur notre pauvre pays du Hainaut.

— Adopté!
— Parle! parle!

— J'écoute !

— Nous sommes tout oreilles !

Ainsi accueillirent les bourgeois la proposition de Bolwel.

Mais, ils avaient compté sans leur hôte, qu'ils virent s'approcher d'eux avec respect et le chaperon à la main, en disant :

— J'ai entendu ce que vient de dire notre ami Bolwel. — Comme vous le savez, ma maison est sous la dépendance des vassaux de la souveraine, et je ne puis, sans m'exposer, permettre que votre réunion se prolonge. — Le veilleur vient d'annoncer huit heures, il faut que j'éteigne ma lampe.

— Corne de bœuf ! maître Guindal, est-ce que depuis que je ne t'ai vu, tu aurais endossé la casaque de Flandre ? dit Bolwel.

— Nenni dà ! mon compagnon ! répondit l'hôtelier ; mais, vous le savez, j'ai besoin de vivre et je ne dois pas mécontenter la souveraine.

— Je comprends ! répondit Bolwel ; mais, n'aurais-tu pas ici quelque endroit où nous puissions causer à l'aise, ne fût-ce qu'une heure, afin de satisfaire mes amis dont l'ignorance des affaires du pays vient de se manifester tout à l'heure ?

— Quoique ce soit une matière délicate à traiter dans une maison comme la mienne, je veux bien vous recevoir dans ma chambre ; et cela, afin de vous prouver que je professe la même opinion que vous, répondit maître Guindal ; mais, c'est à la condition que nous y serons sans lumière, car les gardes du bourg rôdent la nuit dans les rues, et malgré les contrevents de ma fenêtre, leurs yeux clairvoyants pourraient bien nous y voir.

— Qu'à cela ne tienne ! montons à ta chambre, dit Bolwel.

Et tandis que l'hôtelier emplissait une cruche de bière et se munissait de gobelets, Bolwel et ses amis montèrent à tâtons l'escalier qui conduisait au premier étage, où ils furent bientôt suivis par Guindal, lequel déposa sur une table, sa lampe et les objets qu'il portait, puis, lorsqu'il eut empli les gobelets, chacun prit place devant le sien, Bolwel tint le haut bout, assis dans le large fauteuil du maître de la maison, puis, enfin, lorsque les bourgeois eurent bu la moitié du liquide versé, la lampe fut éteinte et Bolwel commença en ces termes :

Lorsqu'en 1244, Marguerite de Constantinople succéda à sa sœur Jeanne, la discorde était au sein de sa famille. — Cette princesse, qui avait autrefois tendrement aimé, puis épousé Bouchard d'Avesnes, en avait eu plusieurs enfants. Mais bien qu'il eût été reconnu que ce chevalier si courtois, maniant aussi bien l'épée qu'il était docte en paroles, était un apostat, qu'un évêque lui avait rasé la tête devant le maître-autel de l'église d'Orléans, qu'il l'avait sacré, puis qu'enfin il lui avait conféré le sous-diaconat, Marguerite, qui aurait dû répudier une telle alliance, n'en demeura pas moins attachée à son époux, et cela, malgré les foudres du saint Père.

— Est-ce possible ? s'écria un des assistants.

— Ecoute ! tu n'es pas au bout, répondit Bolwel. — Quoi qu'il en soit, ajouta-t-il, le malheureux Bouchard fut obligé de se cacher, et après quelque tepms, le proscrit eut la douleur d'apprendre que Marguerite, déliée par le pape, venait de contracter une nouvelle alliance avec Guillaume de Dampierre, le second fils de Guy II et de Mathilde, héritière de Bourbon. L'aversion de Marguerite pour les enfants de Bouchard devint telle après son mariage avec Guillaume, que lors de son avènement à la couronne comtale, elle crut devoir faire agréer au roi de France, l'aîné de ses fils de Dampierre, comme seul et unique héritier de ses domaines, et cela, au préjudice des d'Avesnes. Dès-lors, la guerre éclata entre les enfants, et le peuple lui-même prit parti qui, pour l'un, qui, pour l'autre. Enfin, le roi de France se portant juge dans la question, adjugea la Flandre aux Dampierre et le Hainaut aux d'Avesnes, mais il s'en fallait que ce jugement satisfît la comtesse. Son aversion ne fit au contraire qu'augmenter chaque jour, et pour montrer le peu de cas qu'elle faisait des ordres de Louis IX, elle fit disparaître les armes du Hainaut de son écu. Plus tard, le roi des Romains, Guillaume, ayant adjugé à son beau-frère, Jean d'Avesnes, la Flandre impériale, confisquée sur Marguerite, celle-ci réclama et le pape prononça la légitimité des enfants de Bouchard avec la comtesse. Elle ne s'attendait guère à tant d'opposition, et sa colère s'augmenta en raison des obstacles qu'elle rencontrait, lorsqu'une circonstance imprévue vint y mettre le comble. Guillaume de Dampierre, au retour de la croisade, alla rompre une lance dans un tournoi à Trasegnies. Il y trouva la mort, et sa mère, dans sa douleur, ne craignit point d'en accuser les partisans des d'Avesnes. Elle saisit donc cette occasion pour surcharger le Hainaut d'impôts et de charges de toutes sortes, laissant sans réponse les remontrances des magistrats et s'inquiétant peu des plaintes du peuple affamé! — Le reste, vous le savez.

Elle envoya dans ce pays deux à trois cents Flamands avec la mission de rançonner les habitants; et nul, qu'il soit seigneur, prêtre, bourgeois, vilain, riche ou pauvre ne peut se flatter d'avoir échappé à leur rapacité.

— Cela est si vrai, répondit l'hôtelier, que le grand bailli les a établis dans toute la terre de Leuze, depuis la châtellenie d'Ath, jusqu'à Mons et même jusqu'à Liège.

— Et que là, sous prétexte de lever des impôts, ajouta un des bourgeois, ils se placent à l'embranchement des routes, arrêtent les passants, les volent et les pillent; heureux, quand on peut s'en tirer avec la vie sauve.

— Les infâmes!
— Les misérables!
— Les larrons!
— Gibiers de potence!
— Nourriture à vautours!
— Qui nous en délivrera?
— Vous! si vous le voulez? s'écria Bolwel en se levant lorsque ces exclamations eurent été proférées. Ne voyez-vous pas, qu'indépendamment des maux dont vous accable la noire comtesse, elle affecte d'accorder des franchises à ses Flamands? Lorsque j'étais à

Winendaële, si j'apprenais que ses libéralités venaient de tomber sur telle ou telle ville, sur tel ou tel seigneur, je demandais aussitôt, le nom de cette ville, le nom de ce seigneur ; savez-vous ce que l'on me répondait ? Flamand ! Flamand ! — De tout ceci, que conclure, mes braves ? que c'est assez de vexations, assez de cruautés exercées au nom de cette femme ! arrière donc la Flamande et vive d'Avesnes !!!

Et toute l'assemblée, électrisée par le discours de Bolwel, de crier aussitôt :

— Vive d'Avesnes !

Le pauvre hôtelier, plus mort que vif, essaya bien de calmer l'effervescence des bourgeois, mais ce fut en vain. Malgré l'obscurité, il alla, de la table à la fenêtre de la rue, afin de s'assurer qu'il n'y avait là personne pour entendre ce qui venait d'être dit, puis, il revint près de Bolwel, et d'un ton suppliant, il lui dit :

— Mon cher ami, vous ne voudriez pas qu'il m'arrivât quelque malheur, n'est-ce pas ?

— Sans nul doute !

— Eh bien ! ne prolongez pas votre séjour ici ! De grâce, quittez cette maison !

Guindal tremblait de tous ses membres en adressant cette supplication à Bolwel ; aussi, celui-ci n'insista-t-il point :

— Amis, dit-il aux bourgeois, c'est demain Jeudi, jour de marché à Ath, nous nous reverrons, si vous le voulez ; d'ici là, gagnons nos demeures, écoutons notre hôte, il a peut-être raison.

Nulle réponse ne suivit ces mots, mais comme Bolwel avait joint l'action à la parole et qu'l faisait jaillir d'un caillou l'étincelle qui devait lui permettre de rallumer la lampe pour sortir, tout le monde se leva et le suivit, après avoir payé sa dépense, et bientôt l'hôtellerie du Faucon-blanc eut retrouvé le calme que désirait depuis deux heures maître Guindal.

LE MEURTRE.

D'après ce qui précède, on voit qu'une sourde agitation menaçait de devenir fatale aux agents que la comtesse de Flandre avait envoyés en Hainaut pour y faire exécuter ses ordres Cela devenait d'autant plus alarmant pour ces hommes, choisis la plupart parmi les plus mal famés en Flandre, que des agents soldés par les partisans des d'Avesnes parcouraient le Hainaut en excitant les habitants à la révolte.

Bolwel[1], que nous venons de voir à l'hôtellerie du Faucon-Blanc, en compagnie de quelques bourgeois mécontents, n'était nullement ce qu'il paraissait être; et loin de faire partie des gens de la comtesse, il devait être au contraire un de ces propagateurs de haine qu'employaient les d'Avesnes, et qui revenait dans son pays, après une année d'absence, pour y réchauffer le zèle de ses concitoyens quelque peu attiédi par les mesures énergiques que Marguerite venait de prendre. Bolwel s'était rendu à Ath le 30 Octobre, parce qu'il savait que le lendemain, veille de la Toussaint, le marché qui se tenait dans ce bourg devait y amener une foule considérable de marchands et de paysans : son attente ne fut pas trompée.

Dès le matin, les rues et les places se remplirent d'étalagistes et d'acheteurs. Une animation extraordinaire régna bientôt et malgré la rigueur de la saison, l'affluence était considérable. Il y avait bon nombre de femmes coiffées de la capé ou laticlave traditionnelle, portant le surcot et le tournikiel, espèce de tablier, qui s'étendait jusque sur la poitrine, tandis que d'autres se montraient coiffées du cappiel, du meulekin, ou de quelqu'autre affublure. Cette toilette était rehaussée par des affiquets d'or ou d'argent, par des fermoirs plus ou moins brillants, et complétée par l'aumônière, espèce de sac dans lequel elles enfermaient leurs patenôtres et leur couteau.

Quant aux artisans et aux villageois qui se pressaient sur la place, ils étaient pour la plupart vêtus d'une espèce de tunique descendant jusqu'aux genoux et qu'accompagnait assez coquettement une cape ou manteau court; lequel ne couvrait point le haut de chausses, qui descendait un peu plus bas que la tunique. Quant à la chaussure, elle se composait d'un soulier d'une peau grossière et mal préparée, qu'il fallait retenir aux jambes au moyen de longues lanières. Qu'on ajoute à cela, le chaperon ou capiel d'étoffe et de feutre, et l'on aura une idée du costume des artisans à cette époque.

Mais, ce qui surtout était remarquable au milieu de cette foule de gens de toutes conditions, se pressant ce jour là sur la place d'Ath, c'était la physionomie des serfs, aux vêtements de serge, aux cheveux rasés et à l'écu de leur maître peint sur leur tunique. Et par opposition à ce caractère indélébile de l'esclavage, les surcots éclatants de broderies des vassaux de la comtesse Marguerite; leurs pelus (1) leurs schloufs (2) leurs blanquets et leurs tabars (3) d'étoffes précieuses rehaussés par des ceintures où brillaient les perles à côté des pierreries (4).

On se ferait difficilement une idée du spectacle que devait offrir cette variété d'étoffes et de couleurs, si on allait l'emprunter à nos kermesses d'aujourd'hui. Rien de semblable ne peut se voir de nos jours, et la simplicité de nos costumes, a détruit pour jamais le souvenir de ces lignes de démarcation qui faisaient, que le manant, le bourgeois et le vassal portaient sur eux le signe distinctif de leur condition.

Le marché d'Ath était commencé depuis deux heures. Les vassaux, occupés à faire percevoir les impôts sur ceux qui venaient y étaler leurs denrées, marchaient la tête haute et l'air insolent, au milieu de la foule, se frayant un passage avec leurs épées, frappant celui-ci, poussant celui-là, s'inquiétant peu s'ils blessaient quelqu'un, et riant entre eux lorsque les cris de quelque malheureuse victime de leur brutalité se faisaient entendre.

Ils arrivèrent ainsi en face de l'hôtellerie du Faucon-blanc.

L'un d'eux proposa de vider un pot de bière,

---

(1) Sorte de manteau.
(2) Paletot.
(3) Bonnet ou Calotte.
(4) Derode, Hist. de Lille.

et l'offre fut acceptée avec joie par ses compagnons.

Ils entrèrent dans la salle où nous avons vu la veille Bolwel et ses amis.

L'hôtellerie avait alors une tout autre physionomie : hier, une douzaine de paisibles bourgeois devisant des affaires publiques semblaient perdus au milieu de sa grande salle ; aujourd'hui, c'est tout différent, si grande qu'elle ait été, cette pièce était littéralement remplie de monde, et ce fut avec assez de peine que les vassaux de Marguerite purent obtenir un coin de table pour y vider leur pot de cervoise ou de goulade, comme on appelait la bière en ce temps-là.

Bolwel, assis devant la grande cheminée dans laquelle pétillait un fagot, se leva aussitôt qu'il vit entrer les vassaux, et disparut dans la foule qui se pressait au devant de la porte de l'hôtellerie du Faucon.

Les gens de la comtesse ne le remarquèrent point, et tout entier au plaisir de déguster leur bière, ils n'en furent distraits que par la conversation suivante qui se tenait à côté d'eux.

— Voyons, cher confrère, est-ce un marché fait ?

— Je vous l'ai dit, maître Gérard, c'est 20 pièces d'argent, rien de plus, rien de moins.

— Je n'en puis donner que treize, répondit Gérard ; voyez si cela vous convient.

— C'est impossible ! fit l'autre. — Au surplus, venez une dernière fois considérer ma bête, et je vous assure que vous ne marchanderez plus.

— Eh bien ! voyons, répondit Gérard.

Les deux interlocuteurs quittèrent un moment la table ou ils étaient assis, franchirent le seuil de la porte qui donnait sur la cour de l'hôtellerie et allèrent voir un bœuf magnifique, attaché à l'anneau d'un des piliers qui soutenaient le hangar sous lequel il était abrité.

Les vassaux de Marguerite les suivirent des yeux.

L'inspection de Gérard ne dura que quelques secondes, et soit qu'elle n'eût point été favorable à l'animal, soit qu'il eut résolu de ne point dépasser le chiffre qu'il avait offert d'abord, il rentra dans la salle en disant qu'il ne pouvait donner que treize pièces d'argent. Cependant, après quelques débats entre le vendeur et l'acheteur, Gérard tira de son haut de chausses un sac de cuir, compta la somme, et le marché fut conclu.

Le marchand ne fut point fâché de s'être défait de son bœuf, car il venait de voir les regards de convoitise des vassaux se diriger sur l'animal; et dans la crainte que Gérard ne revînt sur sa parole, il quitta brusquement l'hôtellerie et retourna chez lui.

Lorsqu'il fut parti, Gérard fit venir deux jeunes garçons qu'il avait amenés de Chièvres, leur donna l'ordre d'aller détacher le bœuf, puis il paya maître Guindal et prit le chemin de son village, satisfait de son emplette.

Le boucher, ses deux petits compagnons et l'animal cheminaient lentement, se dirigeant vers Chièvres, lorsqu'à la sortie d'un petit village appelé Le Loë, les vassaux d'Ath, au nombre de neuf, leur barrèrent le passage.

— Ton nom ? dit l'un d'eux en s'adressant au boucher.

— Gérard Lerond !
— Ta profession ?
— Tueur de bœufs.
— D'où es-tu ?
— De Chièvres, où je retourne avec ces enfants.
— D'où viens-tu ?
— Du marché d'Ath.
— De quel droit es-tu entré sur notre territoire ?
— Comment ! de quel droit ?.... repartit Gérard avec étonnement.
— Tu es bien audacieux, de venir ainsi enlever un bœuf que nous réservions jusqu'à Noël pour l'offrir à la comtesse de Flandre, notre dame et maîtresse, ajouta l'un des vassaux. — Rends-nous-le sur-le-champ !
— Vous le rendre ? répondit Gérard ; mais j'ai acheté cette bête de mon argent, et à beaux deniers comptants. Elle m'appartient, je pense ?
— Nenni, dà, mon maître ! dit un des gens de la comtesse. — Moins de façons: rends-nous ce bœuf !
— Messire, écoutez ! ajouta Gérard ; laissez-moi passer, et je vous donnerai, si vous le voulez, un *aurens* pour acheter du vin.
— Allons ! tu veux rire, sans doute ?
— Non, messire ! je ne ris point, répondit Gérard ; et la preuve, c'est que, si vous n'acceptez point mon offre, je passerai sans votre permission.

— L'entendez vous, mes maîtres? dit un des vassaux à ses compagnons. — Ce rustre veut passer malgré nous. — La dague au poing! cornes du Diable! la dague au poing, et prenons pour la comtesse Marguerite ce qu'on lui refuse.

Gérard Lerond, qui était un homme de courage et de résolution, ne fut intimidé, ni par la menace, ni par le nombre. Il se mit donc bravement en travers de la route, faisant luire aux yeux de ses agresseurs l'énorme couteau avec lequel il exerçait sa profession.

Les vassaux de la comtesse, à la vue de l'arme du boucher, exaspérés, furieux, se ruèrent comme des lâches sur le malheureux, le terrassèrent et le massacrèrent à coups de dagues, tandis que ses deux jeunes conducteurs, fuyaient d'épouvante dans la direction de Chièvres, abandonnant à la rapacité des meurtriers de leur maître, le bœuf, objet de leur convoitise, qu'ils ramenèrent à Ath et qu'ils revendirent immédiatement au châtelain.

L'AGENT PROVOCATEUR.

En arrivant à Chièvres, les jeunes gars qui venaient de voir massacrer leur maître, se rendirent immédiatement à sa demeure.

La femme de Gérard Lerond, ses six fils et ses deux filles étaient à table, lorsqu'ils entrèrent dans la salle où le dîner était servi.

A la vue de ces pauvres enfants, pâles et défaits, revenant seuls à la maison, un pressentiment affreux s'empara de la famille de Gérard.

— Petits! s'écria la mère, où est donc le maître?

— Hélas! pauvre dame! répondit l'un des deux jeunes garçons, le maître est mort!

Et des sanglots l'empêchèrent de continuer.

— Mort?.. Mort?.. exclama toute le famille en se levant.

— Oui, dame Marthe, ajouta le jeune garçon; mort! assassiné par les gens de madame Marguerite, qui lui ont volé le bœuf qu'il venait d'acheter à Ath.

— Assassiné? s'écrièrent les enfants; assassiné par ces brigands! dirent ensemble les six fils de Gérard, attérés.

— Sainte vierge, mère de Dieu! dit la femme du boucher en fondant en larmes et en serrant ses deux filles dans ses bras. — Mon pauvre Gérard, mort! et mort sans que je l'aie revu!.. Pauvres petits!... ajouta-t-elle, votre père ne viendra plus chaque matin vous embrasser à son lever. — Vous ne recevrez plus les caresses de cet homme si bon, que le ciel n'en envoie plus de pareils sur la terre. — Dieu!.. Dieu! que vous ai-je donc fait pour m'éprouver ainsi?

Et comme la pauvre Marthe se tordait les bras de désespoir, ses fils s'approchèrent d'elle afin de la calmer, mais une réaction salutaire venait de s'opérer en elle, et remplie d'une noble indignation, Marthe se dressa, le visage empourpré, les yeux menaçants, et s'adressant à ses fils, elle dit:

— Enfants! enfants! c'est là un crime qui demande vengeance, n'est-ce pas?

— Oui, mère, ce crime veut une expiation et je vous jure qu'il sera expié, répondit l'aîné des fils de Gérard. — Frères! ajouta-t-il en tirant son couteau de la gaîne suspendue à sa ceinture, cessons ces pleurs inutiles en ce moment suprême, armons-nous et jurons de venger la mort de notre père!

— Oui! oui! répondirent les fils de Gérard. — Et vous, mère, fit en continuant leur aîné; reprenez courage, conservez-vous pour nos pauvres sœurs. Dieu, qui est bon, ne nous abandonnera point et veillera sur vous. Il fera triompher notre cause, qui est juste et sainte.

— Notre père, brave et digne homme, qui était aimé de tout le monde, est sans doute là-haut qui jette un regard sur sa famille; que sa veuve le prié donc pour le succès de notre entreprise, et que ses enfants ne goûtent de repos, que lorsque le dernier des oppresseurs du Hainaut sera descendu dans la tombe.

— Oui, frère! répondirent les cinq autres enfants de Gérard, conduis-nous, et nos bras ne failliront pas à l'entreprise.

Aussitôt cinq autres couteaux brillèrent aux yeux de la veuve et des filles de Gérard.

— Allez, mes fils! dit Marthe à ses enfants; allez, et que Dieu soit avec vous !

Les jeunes gens donnèrent chacun un baiser à leur mère, lui prodiguèrent encore quelques paroles de consolation, puis, ils quittèrent la maison paternelle, emmenant avec eux les deux jeunes valets témoins de la mort de leur père.

Ils se répandirent dans les rues de Chièvres, racontant à tout le monde les détails du crime, et partout ils furent accueillis avec des marques de la plus profonde indignation. Une heure suffit aux fils de Gérard pour réunir à leur cause deux cents habitants armés, qui se mirent à leur disposition, en jurant de les suivre partout où ils voudraient les conduire pour atteindre les meurtriers.

Ils prirent d'abord le chemin de Le Loc, visitèrent tous les villages des environs, et passèrent le jour et la nuit à parcourir les sentiers détournés et les ruelles sans rencontrer un seul de ceux qu'ils cherchaient.

Ils arrivèrent dans la matinée du lendemain jusqu'aux portes d'Ath, mais ils n'osèrent y pénétrer. La rage dans le cœur, les enfants de Gérard Lerond allaient reprendre la route de Chièvres, lorsqu'un homme sortit tout-à-coup d'une maison isolée, sur le bord du chemin, et vint droit à eux.

Cet homme, c'était Bolwel.

— Où allez-vous donc, mes maîtres? demanda-t-il à l'aîné des fils de Gérard, qui conduisait la colonne.

— Qui êtes vous, pour me faire une semblable question? demanda à son tour le fils du boucher.

— Qui je suis? fit Bolwel; un ami qui vient vous offrir le secours de son bras.

— Quelle preuve nous donnerez-vous de cette amitié? demanda le fils de Gérard.

— La voici, répondit Bolwel. — J'ai appris hier à Ath, ce qui est arrivé sur le chemin de Le Loe. J'ai vu l'indignation et la colère qu'a excitées cette infamie, parmi la population assemblée sur le marché. — Mais le moment n'était pas venu de punir les meurtriers. — Vous, les fils de la victime, aviez seuls le droit de revendiquer cet honneur! — Depuis ce matin je vous vois, je vous suis pour me convaincre que vous ne serez point abandonnés dans votre entreprise. — J'ai vu l'élan, j'ai entendu les plaintes de vos amis, et j'ai la certitude que pas un ne reculera devant l'accomplissement du devoir sacré imposé à chaque citoyen de se venger de l'oppression de la noire Marguerite. — Or, je viens grossir vos rangs et vous dire: fils de Gérard, parents et amis du défunt, suivez-moi, je connais les lieux où se rassemblent les scélérats que nous poursuivons, je sais où les joindre; suivez-moi, et si je mens, si je ne vous conduis pas dans le repaire du loup, que vos couteaux fassent sur moi justice du mensonge.

— Si cela est, nous acceptons, répondirent les fils du boucher ; mais, craignez, craignez si vous nous tendez un piége !

— Avant deux jours, vous serez convaincus de ma sincérité, répondit Bolwel. — Pour aujourd'hui, ajouta-t-il, il n'y faut point songer. — Un premier soin nous réclame ; où est le cadavre de votre malheureux père ?

— Hélas ! répondit l'aîné des Gérard, il est demeuré au lieu où l'ont laissé les assassins.

— Où cela ?

— Ces jeunes gens vont nous y conduire.

Les deux valets, pour obéir aux ordres de leur maître, dirigèrent la colonne vers Le Loe, où on trouva en effet le pauvre Gérard Lerond, baigné dans une mare de sang, au milieu de la route.

Les enfants du boucher ne purent retenir leurs sanglots, à la vue de ce spectacle, et leur douleur éclata en de nouvelles imprécations. Il fallut que Bolwel usât de l'ascendant qu'il savait exercer sur ceux en compagnie desquels il se trouvait, pour arracher ces malheureux du cadavre de leur père. Il engagea donc les plus forts à prendre les dépouilles mortelles du boucher et à les charger sur leurs épaules ; puis, ce sinistre cortège s'achemina vers Chièvres, au milieu d'un silence profond, qu'interrompirent seuls les plaintes et les sanglots des fils de la victime.

Il arriva que ce jour là était celui du marché de Chièvres.

A l'aspect des dépouilles sanglantes de Gérard, un cri de douleur s'échappa de toutes les poitrines. Afin de donner à cette manifestation un caractère plus terrible encore, Bolwel fit déposer le cadavre sur un brancard, et il engagea les fils de Gérard à le porter parmi la foule assemblée sur la place, en appelant sur les vassaux la vengeance du peuple. Lorsqu'il eut reçu l'assurance que cela serait ainsi fait, Bolwel se fit conduire jusqu'à la veuve, qu'il ramena près de ses fils ; puis lorsque la malheureuse Marthe eut épanché sa douleur dans le sein de ses enfants, le cortège se mit en marche.

Rien de plus triste, de plus douloureux et de plus saisissant que ce spectacle d'un père porté par ses enfants, au milieu de ses concitoyens, qui brandissaient leurs armes aiguës sur son cadavre mutilé. Rien de plus épouvantable et de plus terrible à la fois, que ce linge souillé de sang, que ces imprécations de la famille et des amis du défunt, appelant sur les meurtriers la justice du ciel. Aussi l'animadversion du peuple fut-elle comme une étincelle électrique qui alla, de proche en proche, jusqu'aux lieu les plus reculés, où se pressait la foule. L'indignation fut bientôt dans tous les cœurs, la malédiction dans toutes les bouches. Tout ce qui était réuni là, animé des mêmes sentiments, éprouvait le même désir : prêtres, bourgeois, vilains, riches et pauvres, se mirent à crier d'une seule voix :

— Vengeance ! Vengeance !

Puis dans les groupes, on entendit encore :

— Mort à Marguerite !
— Mort aux vassaux !
— Tue ! tue, les Flamands !

Enfin l'exaspération, l'effervescence, la fureur et la rage étaient à leur comble.

Bolwel était rayonnant de joie et de plaisir.

Les chevaliers, auxquels était confiée la garde de Chièvres, accompagnés de leurs écuyers et de leurs sergents, essayèrent de calmer la population, mais leur présence ne fit que l'irriter.

Ces chevaliers étaient : Gérard de Jange, Rasse de Gavre, Jean de Pilleul, Nicolas de Rumigny, Gérard de Lens et Othon d'Arbre. Voyant leurs efforts inutiles, et indignés eux-mêmes de la conduite des gens de la comtesse, ils voulurent prendre les armes et enfourcher leurs montures pour se mettre à la tête de la population ; mais, Rasse de Gavre, prévoyant quelque malheur, les retint en leur disant :

— Seigneurs ! vous savez que ces vassaux sont sous la sauvegarde de la comtesse de Flandre et de Hainaut, et vous ignorez les noms des meurtriers. Attendons trois jours, pendant lesquels on nous fera sans doute connaître, soit à nous, soit aux autres cours de Flandre ou du Hainaut, les circonstances du crime et les noms des criminels.

L'avis fut trouvé bon, et les seigneurs essayèrent encore une fois d'apaiser la multitude.

Nicolas de Rumigny prit la parole.

« Habitants de Chièvres et des environs, dit-il, un horrible attentat a été commis et nous concevons votre douleur : elle est légitime, surtout dans cette famille que nous voyons en pleurs et qui demande que le sang de la victime soit lavé dans celui des meurtriers. Nous, seigneurs et maîtres de cette cité, au nom de Dieu, nous vous adjurons de nous donner le temps nécessaire pour nous mettre à la recherche des coupables. Si dans trois jours, nous ne les avons pas trouvés, vous agirez comme il plaira au ciel. »

Il y eut bien quelque opposition à ces propositions, surtout dans le groupe où se trouvait l'impatient Bolwel ; mais la majorité de la population les ayant acceptées, il fallut bien se soumettre.

On célébra donc les funérailles de Gérard Lerond, puis, les fils invitèrent Bolwel à venir passer chez eux les trois jours de délai demandés par les seigneurs de Chièvres.

Ceux-ci ne demeurèrent point inactifs pendant ces trois journées. Ils s'enquirent à Ath, à Mons et dans toutes les villes voisines, si quelque homicide n'avait point été dénoncé à la justice du pays ; mais, le plus morne silence fut la réponse qu'ils obtinrent. Nul n'osait accuser les vassaux et partout on affecta de dire qu'on ignorait le meurtre de Gérard.

De son côté, Bolwel mit à profit le temps qu'il passa chez la veuve, et l'on verra bientôt quel fut le résultat des conseils qu'il donna aux fils de Gérard Lerond.

LA SÉDITION. — NAISSANCE DE LA FACTION DES RONDS DU HAINAUT.

Lorsque le délai demandé par les barons fut expiré, Bolwel dit aux enfants de Marthe :

— Vous le savez! à vous seul appartient maintenant la vengeance que vos seigneurs espéraient tirer des misérables assassins de votre père, aux armes donc, mes braves!.. aux armes!

Bolwel tira son épée et les bouchers brandirent leurs couteaux en répétant ces mots :

— Aux armes! Aux armes!

Les seigneurs passaient à ce moment.

A la vue de cette démonstration, ils ne purent moins faire que de donner quelques conseils aux vengeurs de Gérard. — Ceux-ci les écoutèrent attentivement, promirent de ne rien entreprendre qui pût faire croire à d'autres intentions que celles de rechercher les auteurs de tous leurs maux, puis, ils prirent les barons à témoin de la patience avec laquelle ils avaient attendu trois jours pour satisfaire à leurs désirs et reçurent d'eux les souhaits de bonne réussite, ainsi que l'assurance d'aide et protection au besoin.

Lorsqu'ils furent partis, Bolwel dit :

— Le moment est venu de tenir ma promesse.

— Laquelle? demanda l'aîné des fils.

— Celle que je vous fis lorsque je vous rencontrai aux portes d'Ath, répondit Bolwel: Les barons n'ont rien trouvé, fiez-vous à moi, avant peu, je vous aurai mis en présence de ceux qui se cachent, pour échapper à la justice, dont la grande voix est déjà parvenue jusqu'à eux, pour les épouvanter et pour les faire fuir. Allons, enfants! faisons nos apprêts, aiguisons nos armes et partons! Notre cause est celle de Dieu, puisqu'elle est celle du faible contre le méchant.

La famille de Gérard Lerond réunit aussitôt ses parents, ses serviteurs et ses amis, lesquels disposèrent de leur avoir, comme gens que préoccupe une grande et unique affaire, puis ils se munirent d'arcs, de flèches, d'épées, de lances, de haches et de couteaux, et dans la journée du Mardi suivant, cette troupe, sous la conduite de Bolwel, quitta Chièvres, résolue à exterminer tous les vassaux qu'elle rencontrerait sur son chemin.

Et comme il était nécessaire que les conjurés se reconnussent entre eux, ils firent coudre sur leur tunique un O couronné, en souvenir de Gérard *Lerond*, et leur redoutable association ne porta plus dès-lors dans la province que le nom de *Ronds du Hainaut*.

Bolwel, qui était la prudence incarnée, craignant qu'une semblable réunion de conjurés n'éveillât l'attention des gens de la comtesse, engagea les fils de Gérard à choisir parmi leurs parents et amis, ceux qu'ils voudraient emmener, et de diviser la troupe en six groupes, qui se disperseraient dans la campagne, afin de visiter les villages et guetter les lieux où les vassaux se retireraient, puis, de prendre pour point de réunion le bois de Willehourt.

Le conseil fut trouvé excellent, et les six fils du boucher se mirent aussitôt en devoir de le suivre. Puis, lorsque leurs amis eurent accepté le commandement de chacun d'eux, l'aîné des Gérard dit à Bolwel.

— Et ma mère, et mes deux sœurs, que deviendront-elles pendant notre absence ?

— Reposez-vous sur moi, du soin de les soustraire à tout danger, répondit Bolwel. Tandis que vous visiterez Basèle, Lens, Ostiche, Melle, Leuze et leurs environs, je me retirerai avec votre mère et vos sœurs dans un lieu où ma protection est puissante. Ne redoutez donc rien pour elles, je vous en réponds, et comptez que l'avant-veille de la Saint-Martin, je serai avec elles au bois de Willehourt.

Après les adieux des fils à leur mère et à leurs sœurs, la troupe des conjurés se divisa en six groupes, qui prirent des chemins différents, tandis que Bolwel, à qui l'audace ne manquait point, se dirigea sur Ath avec Marthe et ses deux filles, où il leur donna l'hospitalité dans sa propre maison.

— Pauvre femme ! vous devez être surprise de l'intérêt que je vous porte, dit Bolwel à Marthe, lorsqu'ils furent seuls.

— En effet ! répondit la femme du boucher. Dans la position cruelle où je me trouve, je vous avouerai que je n'ai pas été sans crainte et que j'ai quelquefois redouté une trahison de votre part.

— Vos craintes étaient naturelles, et votre franchise à me les dire, me plaît, croyez-le, dame Marthe. Mais, rassurez-vous ; une haine commune nous réunit, et vous connaîtrez bientôt le motif qui m'a fait embrasser avec joie la cause que vous défendez. Pourtant, avant notre réunion au bois de Willehourt, j'ai besoin de vous faire encore une question.

— Laquelle ? demanda Marthe.

— C'est de me donner les noms de vos fils, que malgré ma mémoire, je n'ai pu retenir. Il se peut que j'aie besoin de leur envoyer des émissaires, et je serais alors fort embarrassé.

— Voici de qui se compose ma famille, répondit Marthe. Zacharie, l'aîné de mes fils, Éloi, Daniel, André, Michel et Thomas ses frères ; puis, leurs sœurs, Brigitte et Bathilde.

— Merci, dame Marthe, fit Bolwel en traçant sur un velin les noms qu'elle venait de lui dire, merci ! — Et maintenant, veuillez vous regarder ici comme dans votre propre maison. Un serviteur fidèle vous y donnera tout ce qui vous sera nécessaire, tandis que j'irai, comme mes amis, me mettre à la recherche des misérables que nous poursuivons. Je vous laisse donc avec vos deux enfants et je pars. Je reviendrai dans la journée de demain, et je vous dirai ce que nous aurons fait. — Au revoir, dame Marthe ; prenez courage, ayez confiance en Dieu et priez-le de faire triompher la cause que nous avons embrassée !

Et comme la nuit était venue, Bolwel déposa un baiser sur le front des deux jeunes filles, tendit amicalement la main à la veuve de

Gérard, qui la pressa affectueusement, et, après s'être enveloppé d'un large mantel, il laissa ses hôtes aux soins du serviteur dont il leur avait parlé, en lui recommandant d'avoir pour Marthe et ses filles les plus grands égards.

Bolwel revint comme il l'avait promis, et rassura Marthe sur le sort de ses fils. — Encore quelques jours, lui dit-il, et la grande œuvre sera commencée.

Trois jours s'écoulèrent encore, et dans la quatrième nuit qui suivit l'arrivée de Marthe chez Bolwel, celui-ci vint lui annoncer que le lendemain dans la soirée, une réunion générale des conjurés devait avoir lieu dans le bois de Willehourt, et que là, on aviserait sûr un moyen infaillible de rencontrer les vassaux. Bolwel engagea de nouveau la veuve de Gérard à demeurer chez lui, avec promesse de venir lui rendre compte de ce qui se serait passé, et, le lendemain, avant le jour, il quitta Ath pour aller au bois.

Après avoir passé sa journée dans les hôtelleries qu'il avait rencontrées sur sa route, Bolwel arriva le premier au rendez-vous. — La nuit était sombre et froide. — Un givre qui glaçait les membres, tombait et couvrait les arbres de ses cristaux argentés; mais Bolwel, bien vêtu du reste, put attendre sans trop d'impatience, en se promenant dans un sentier sur la lisière du bois, que ses auxiliaires fussent arrivés. Il s'écoula néanmoins un assez long temps avant qu'il entendît le moindre bruit. Il y avait à peu près une heure qu'il attendait, lorsque son attention fut éveillée par la marche de plusieurs hommes, dont les pas cadencés en foulant les feuilles sèches, ne lui laissèrent plus de doute sur l'arrivée prochaine des conjurés. En effet, quelques minutes s'étaient à peine écoulées, que Zacharie arrivait au rendez-vous avec les siens. Il fut bientôt suivi par Eloi, André, Daniel, Thomas et Michel, amenant avec eux leurs groupes de parents et d'amis.

Lorsque les conjurés furent réunis, Bolwel les engagea à le suivre et les emmena dans un lieu écarté du bois, près d'une espèce d'étang, où, protégés par les joncs, ils purent délibérer.

Arrivés là, le partisan des d'Avesnes prit la parole :

— Zacharie, et vous, ses frères et amis, le moment est venu où la justice de Dieu, par votre bras, va enfin punir un horrible crime. C'est demain la veille de la Saint-Martin ; et ce jour là, les séïdes de la noire comtesse doivent se rassembler pour diner, les uns à Mélin, les autres à Arbre et à Lens. Je le sais, et ceci n'est que le résultat de mes recherches. — Ces misérables, en compagnie de femmes perdues, vont dépenser dans cette nuit d'orgie, le denier qu'ils enlèvent à l'artisan et le produit du meurtre commis sur un brave que vous pleurez et que vous avez promis de venger. Ne leur en laissons pas le temps ; que demain à huit heures du soir, tous autant que nous sommes, on nous trouve réunis aux premières maisons de Mélin ; que chacun de nous, indépendamment des armes qu'il possède, se munisse d'échelles, de hallebardes, de crocs, de fenêtres et d'ais de bois, pour nous servir de boucliers. Ces soins pris, je réponds que la nuit ne se passera point sans que nous en ayons égorgé une trentaine.

— Cela sera fait comme vous le désirez, mon maître ! répondit Zacharie.

— N'est-ce pas, frères ?

— Oui ! oui ! répondirent les conjurés.

— A demain à huit heures ? dit Zacharie.

— Aux portes de Melin ? fit Bolwel.

— Aux portes de Melin ? c'est entendu ; répondit l'aîné des fils de Gérard. — Et maintenant, avant de vous quitter, un mot ! — Ma mère ? mes sœurs ?

— Pensent à vous, et prient le ciel de bénir vos armes, dit Bolwel. Soyez sans inquiétude sur elles, j'ai là bas un serviteur fidèle qui saurait les défendre, si elles étaient menacées ; mais encore une fois, personne n'oserait pénétrer dans ma demeure.

— Merci à vous qui daignez protéger la veuve et servir les orphelins ! dit Zacharie en baisant les mains de Bolwel. Merci ! à demain donc, à huit heures ?

— A demain ! répondit Bolwel.

Et lorsque tout ceci fut bien convenu, les groupes, sous la conduite de leurs chefs, disparurent de nouveau dans les profondeurs du bois, tandis que Bolwel regagnait Ath, où il allait redire à Marthe, le résultat de son entrevue avec ses fils.

L'ORGIE.

Le lecteur surpris s'est déjà demandé, sans doute, quel but poursuivait Bolwel, en s'unissant à la vengeance légitime des Ronds. Nous avons déjà soulevé un coin du voile qui couvre l'existence de cet homme, en disant que les d'Avesnes pouvaient bien se servir de lui pour agiter le Hainaut contre leur mère, et surtout contre les agents qu'elle y avait envoyés pour faire exécuter ses ordres tyranniques. Dans ce cas, Bolwel n'eût été qu'un misérable agent provocateur digne de mépris et qu'auraient dû repousser de leurs rangs les vengeurs de Gérard. Mais ce n'était nullement par attachement à la cause des fils de Marguerite la Noire, que Bolwel s'était fait l'ennemi de cette femme et de ses vassaux. Sa haine avait une origine plus noble et plus légitime. Que le lecteur daigne donc nous suivre, et bientôt, il apprendra quel fut le mobile de la conduite de cet homme; quelle fut la cause occasionnelle de cette haine sourde qui agita si longtemps le cœur de Bolwel et le rendit inaccessible à tout ce qui, de près ou de loin, appartenait à la comtesse de Flandre. Il verra comment d'un fait isolé, d'une cause en apparence, d'un intérêt secondaire, l'effet le plus terrible en jaillit; comment enfin, la Flandre paya par trente années de guerre et de calamités, le meurtre d'un boucher consommé par des misérables, indignes de la confiance de leur souveraine.

Mais n'anticipons point et continuons notre récit.

Le 10 Novembre 1255, à huit heures du soir, au son des cloches des églises et des abbayes voisines annonçant la solennité du lendemain, Zacharie, Eloi, Daniel, leurs frères et leurs parents, arrivèrent comme ils l'avaient promis la veille, aux premières maisons de Mélin, où les attendait, blotti derrière une meule de chaume, Bolwel, armé jusqu'aux dents.

Lorsque les conjurés se furent comptés, Bolwel en prit le commandement, leur fit faire un long détour afin d'arriver à la maison, espèce de logis isolé du village, où il savait que s'étaient réunis ce soir là les vassaux de la comtesse. Tout ceci fut exécuté dans le plus profond silence.

Tandis que les Ronds font leurs apprêts, pénétrons dans le logis où sont réunis les vassaux avec leurs maîtresses, et voyons ce qui s'y passait.

Au milieu de la salle principale donnant sur la rue et sur un magnifique verger qui se trouvait derrière, dix agents de la comtesse de Flandre, ayant à leurs côtés chacun une femme, dont les postures lascives les invitaient au plaisir, buvaient et chantaient en vidant leurs coupes d'hydromel et de cervoise. Le souper touchait à sa fin et les vapeurs du liquide spiritueux rendaient presque fous les convives, dont les propos amoureux et les chants désordonnés étaient accompagnés de mouvements voluptueux.

A ce moment, l'un des vassaux élevant son gobelet, comme pour inviter ses amis à l'imiter, se mit à chanter :

>Pour égayer la vie,
>Sablons ce jus divin,
>Surtout que la folie
>Prenne place au festin.
>Point de mélancolie,
>Chassons le noir chagrin.
>Quand l'amour nous convie
>Chantons lui ce refrain :
>
>>Vive l'orgie !
>>Amour, désir,
>>Gaité, folie,
>>Bruyant plaisir !
>>Dieu fit la vie,
>>Pour en jouir !

Et les convives reprirent avec lui :

>>Vive l'orgie !
>>Amour, désir,
>>Gaité, folie,
>>Bruyant plaisir !
>>Dieu fit la vie,
>>Pour en jouir.

Le vassal ajouta :

>>Buvons à la comtesse !
>>Surtout, chantons bien haut :

Qu'importe la détresse,
Des manants du Hainaut,
Pourvu que dans nos fêtes,
Leurs divines beautés,
Fassent tourner nos têtes,
Et soient à nos côtés !
Vive l'orgie !
Amour, désir,
Gaîté, folie,
Bruyant plaisir !
Dieu fit la vie
Pour en jouir !

Et toute l'assemblée, électrisée par cette dernière strophe, reprit en chœur le refrain, qui alla se noyer dans des flots de cervoise.

— Vive Dieu ! dit un des vassaux : la délicieuse soirée ! J'aurais vendu ma part de paradis pour y assister.

— Tu ne perdras point le paradis, et tu en goûtes au moins les prémices, dit un second, en prenant un baiser sur les joues vermeilles de sa compagne.

— Je voudrais mourir sur l'heure, si j'étais certain de tant de bonheur là haut ! dit un troisième :

— Et vous, mes belles, dit un quatrième. Qu'en pensez-vous ?

— Qu'il n'est rien de préférable à la compagnie d'aussi aimables cavaliers, répondirent les femmes.

— En ce cas ! dit un vassal, bonne vie et bonne chère ! usons largement des faveurs que nous accorde madame Marguerite ; gaussons, rions, chantons, folâtrons !

— Oui, oui, rions, chantons et folâtrons, répétèrent les vassaux à moitié ivres.

Et pour joindre l'action à la parole, ils se livrèrent avec leurs compagnes à tous les plaisirs que leur permettaient de prendre, l'isolement du lieu et la protection des ombres de la nuit.

Mais au moment où tout entiers à leurs appétits brutaux, ils goûtaient ce bonheur qu'ils recherchaient, la porte d'entrée, attaquée avec fureur par les Ronds, manqua de voler en éclat et vint les remplir d'épouvante.

Ils mirent l'épée à la main, et les femmes, terrifiées, allèrent s'abriter derrière leurs amants.

Bolwel et Zacharie, furieux de n'avoir pu pénétrer par la porte, trop solide pour être enfoncée, firent placer des échelles contre la muraille et l'escalade fut immédiatement tentée. Les vassaux les reçurent bravement et plusieurs amis de Zacharie avaient déjà été renversés par eux, lorsque sur l'avis de Bolwel, la maison fut entourée et des échelles placées à toutes les fenêtres. Eloi, Daniel et leurs frères, donnèrent l'exemple aux assaillants, gravirent les premiers et ils furent bientôt dans l'intérieur du logis où ils se dispersèrent.

La mêlée fut terrible et sanglante.

Zacharie et ses frères, que la vue des vassaux avait rendus furieux, frappaient, de leurs couteaux longs et aigus, ces malheureux dont les épées devenaient inutiles dans cette lutte corps à corps. Bolwel, que n'émouvaient ni les cris des assaillants, ni les plaintes des mourants, ni les prières des malheureuses à moitié mortes de frayeur, allait de l'un à l'autre des Ronds, les excitant de la voix et du geste, frappant lui-même, quand les armes de ses compagnons manquaient leur victime ; enfin, l'acharnement des Ronds fut tel, qu'en moins de cinq minutes, les dix vassaux et leurs valets furent égorgés, et leurs cadavres jetés par les fenêtres sur le chemin qui bordait la maison.

La salle du festin était littéralement couverte de sang, et les malheureuses compagnes des vassaux qui, pour se soustraire aux coups des gens de Bolwel, s'étaient bloties dans les angles des murailles, en avaient leurs vêtements tellement souillés, qu'elles étaient méconnaissables.

Lorsqu'il ne resta plus un seul homme à immoler dans le logis, Bolwel prit la parole et dit :

— Enfants et amis de Gérard, vous ai-je trompés ?

— Non ! non ! hurla la foule.

— Avez-vous confiance en moi ?

— Oui ! oui ! ajouta-t-elle.

— Eh bien ! si vous m'en croyez, nous finirons notre œuvre ! il faut un exemple dont puissent se souvenir les gens de la comtesse. Il faut que ces femmes, témoins vivants de ce qui vient de se passer, puissent donner partout la preuve de ce que peut votre juste et légitime vengeance !

— Que faut-il faire ? demanda Zacharie.

— Qu'on s'empare d'elles ! répondit Bolwel.

A ces mots, les Ronds se mirent en devoir d'obéir. Mais, lorsque les malheureuses femmes les virent s'approcher, des cris lamentables s'échappèrent de leur poitrine haletantes Ces cris ne purent arrêter les enfants et le amis de Gérard, qui les saisirent, les garottèrent et les couchèrent sur la table du festin.

Il se passa alors une de ces choses affreuses, horribles, que nous nous serions dispensés de reproduire, si nous ne nous étions imposé l'obligation de ne rien omettre de cette cruelle et terrible histoire.

Lorsque ces malheureuses eurent été mises dans l'impossibilité de faire le moindre mouvement, les Ronds coupèrent à l'une le nez, à l'autre la lèvre supérieure, à la troisième, la lèvre inférieure, à la quatrième, une oreille, à la cinquième, ils fendirent le menton, ils arrachèrent de son orbite l'œil à la sixième (1) et aux autres, ils firent des mutilations semblables. Ainsi défigurées, Bolwel proposa de les conduire le lendemain à Ath et de les faire remettre au juge du lieu (2).

— C'est juste ! répondit Zacharie à la proposition de Bolwel ; et nous dirons que nous avons fait cela, pour venger la mort de notre père.

Avant d'accomplir cet acte de barbarie, qui ne trouve son excuse que dans le fanatisme aveugle qui dominait les Ronds, ils se rendi-

---

(1) Le Glay, *Histoire des Comtes de Flandre.*
(2) Le Glay, idm.

rent à Arbre, où six vassaux réunis dans une hôtellerie furent massacrés à leur tour, et les femmes qui les accompagnaient, mutilées au visage. D'Arbre, ils marchèrent sur Lens, mais, les vassaux avaient terminé leur souper et avaient disparu. Cependant, trois d'entre eux furent trouvés attablés dans une taverne, où ils devaient passer la nuit, et les Ronds, leur firent subir le même sort qu'aux autres. En quittant Lens, ils se dirigèrent en voyageant toute la nuit, jusque dans la province de Liège, et ils arrivèrent le matin en la ville de Thuin, où ils reçurent bon accueil et où on leur donna asile.

Bolwel, qui avait envoyé les femmes au juge d'Ath, engagea Zacharie et ses frères à écrire une lettre au grand-bailli du Hainaut.

Elle était ainsi conçue.

« Au bailli du Hainaut, et à tous les pairs,
« officiers et conseillers de la dame Marguerite,
« comtesse de Flandre et de Hainaut, en la
« cour de Mons, salut d'usage. »

« Le Vendredi avant la Toussaint, neuf vas-
« saux de la dame de Flandre ont tué notre père,
« et lui ont volé un bœuf qu'il avait acheté
« seize pièces d'or, ont revendu ce bœuf au
« châtelain d'Ath moyennant douze pièces.
« Alors, nous nous mîmes aussitôt à la re-
« cherche des assassins, et comptant qu'ils se
« seraient vantés quelque part de ce crime,
« nous envoyâmes à Mons, à Chièvres, à Ath,
« et enfin à Pamèle, pour essayer de décou-
« vrir leurs noms, mais, ils avaient partout
« gardé le silence. Or, nous savons positi-

« vement que les coupables sont des vassaux
« et non d'autres. C'est pourquoi, nous avons
« défié et nous défions, comme traîtres, meur-
« triers de notre père, tous les vassaux de la
« dame de Flandre et nous vous signifions,
« que la veille de la saint Martin, à Melin,
« nous avons tué dix vassaux et trois de leurs
« domestiques, et blessé au visage, leurs fem-
« mes ou leurs maîtresses; que dans la nuit
« même, nous avons encore égorgé six de ces
« vassaux à Arbre et trois à Lens, mais, sans
« rien leur prendre de ce qui était à eux.

« Nous faisons savoir à tous, que nous met-
« trons également à mort les autres hommes
« de la comtesse et que nous saisirons leurs
« biens, jusqu'à ce que nous ayons obtenu
« vengeance et satisfaction des lâches et mi-
« sérables assassins de notre père. (1)

« Que Dieu, messire bailli, vous ait en sa
« sainte et digne garde.

« De la part de la société des Ronds du Hai-
« naut.

« Les fils de la victime des vassaux. »

Zacharie et ses frères signèrent cette lettre, et Bolwel se chargea de l'envoyer à Mons, où elle fut remise au grand-bailli dans la journée.

Les Ronds se dispersèrent ensuite dans toutes les directions, se cachèrent dans les forêts et dans les lieux écartés, épiant les vassaux, en tuant partout où ils en rencontraient, s'empa-

---

(1) J. de Goyse. — Trad. Le Glay, (*Histoire des Comtes de Flandre.*)

rant du bétail qui pouvait leur appartenir et qu'ils conduisaient à travers les bois, jusqu'à Thuin, où ils avaient provisoirement établi leur quartier-général.

Cet état de choses dura six semaines, avant que Marguerite eût osé prendre une détermination.

Il fallut que le grand-bailli vint en personne lui confirmer ce qui se passait, pour qu'elle crût enfin aux représailles exercées par ses ennemis.

UN MYSTÈRE.

Marguerite de Constantinople, comtesse de Flandre et de Hainaut, tenait sa cour, comme nous l'avons déjà dit, dans son château de Winendaële.

La veille de la Saint-Thomas, c'est à dire, le 20 Décembre 1255, sept semaines après le meurtre de Gérard Lerond, les gens de la comtesse virent venir en toute hâte, vers le palais de leur châtelaine, un grand nombre de visiteurs, en tête desquels marchait le grand-bailli.

Lorsqu'ils furent arrivés devant le pont-levis, ce fonctionnaire déclina ses qualités et demanda une audience à madame Marguerite.

Le gardien du pont transmit ses volontés à la comtesse, qui donna l'ordre de laisser pénétrer le bailli et les gens qui l'accompagnaient.

Lorsque tout ce monde fut arrivé dans la salle où Marguerite, assise dans son large fauteuil écussonné et entourée de ses femmes, de ses écuyers et de ses varlets, l'attendait, le bailli s'inclina profondément, baisa respectueusement la main que lui tendit sa souveraine et attendit pour parler qu'elle lui en eût donné l'ordre.

Quoique déjà dans un âge avancé, Marguerite avait une physionomie qui ne manquait point de charmes. Son maintien, son noble port ainsi que ses manières courtoises, indiquaient assez de quel sang illustre elle était issue, et ses traits que sillonnaient déjà des rides profondes, rappelaient bien ceux de son glorieux père, Baudouin, empereur de Constantinople. On aurait vainement cherché sur cette figure couverte d'une profonde tristesse, ce caractère de dureté dont ses actes étaient empreints et qui avaient fait de cette femme un objet de haine pour les habitants du Hainaut.

Marguerite reçut donc son bailli avec cette affabilité qui lui était naturelle.

Lorsque les vassaux, les serfs et les femmes qu'il amenait avec lui, furent tous en présence de leur souveraine, le grand bailli s'inclina de nouveau et Marguerite prit la parole.

— Messire ! dit-elle, que venez vous nous annoncer ? Que signifie le trouble où je vous vois ? Pourquoi ces pleurs que je vois sur tous les visages ?

— Madame ! répondit le grand-bailli, vous n'ignorez sans doute point ce qui se passe dans notre malheureuse province ?

— Non, messire ! je ne l'ignore pas, répondit la comtesse ; et si Dieu le permet, j'en ferai une bonne et prompte justice.

— Hélas, madame ! dit le grand-bailli, je crains bien que votre justice, si grande, si puissante et si terrible qu'elle soit, ne puisse atteindre tous les coupables. Leur nombre augmente chaque jour, leur audace devient extrême. Indépendamment de vos malheureux serviteurs à Mélin, à Arbre et à Lens, ils en ont encore massacré douze à Oudenhove, à Braële, à Papigny et à Acre. Vainement le gouverneur d'Audenarde, Jean de Ronsoy, fit sortir sa garnison pour battre le pays, vainement j'envoyai moi-même plusieurs compagnies de gens d'armes contre les Ronds ; ni Jean de Ronsoy, ni moi, ne pûmes parvenir à en rencontrer un seul. Il y a quelques jours encore, une compagnie de mes cavaliers traversait la forêt voisine de Mons, lorsqu'elle fut rencontrée par les Ronds. — A mort! à mort! crièrent aussitôt ceux-ci. — Et la compagnie fut aussitôt entourée d'une centaine de conjurés qui auraient pu la massacrer; mais, qu'ils se contentèrent de faire prisonnière parce que les soldats qui la composaient n'étaient point Flamands. — De quel pays êtes vous! dit le chef Zacharie à mes gens d'armes. — Pour la plupart du Hainaut, répondirent-ils. — Que cherchez-vous dans ces bois ? — Nous cherchons les conjurés, qu'on appelle les Ronds. — Et bien ! nous sommes de ceux là! prenez-nous, si bon vous semble. Mais en vérité, nous ne comprenons pas comment nous serions honnis des barons, des chevaliers et des bonnes villes du Hainaut, tandis que le pays tout entier devrait nous conforter, nous soutenir et nous aimer.

— Ils ont eu l'audace de dire cela! fit la comtesse d'une voix tremblante d'émotion.

— Oui, madame! répondit le bailli; et mille autres choses, que par respect je m'abstiens de redire.

— Continuez! répliqua Marguerite.

— Je veux tout apprendre ; continuez, messire.

— Jamais, ajouta Zacharie en s'adressant à mes soldats, jamais nous n'avons pris à l'un de nos compatriotes un seul pain, un seul fromage, un seul poulet. C'est pour eux au contraire, et pour la défense de notre patrie commune, que nous exposons tous les jours notre vie en combattant les vassaux de la comtesse de Flandre, ces exécrables tyrans qui ont massacré notre père Gérard, et qui ne cessent d'opprimer le pays. — Chacun de nous porte dans son cœur l'amour de la patrie, le désir de la voir heureuse, mais, si ceux qui la gouvernent nous persécutent au lieu de nous favoriser, nous ne savons ce qui adviendra. Nous sommes trois cents de notre société, qui avons juré haine aux vassaux, mais à eux seuls, qu'on le sache bien. — Retirez-vous en paix et allez dire à vos maîtres, — non pas au grand-bailli, car nous le tuerions s'il tombait entre nos mains, — mais aux seigneurs du Hainaut, ce que vous venez d'entendre. » Après ces mots, où, vous le voyez, madame, je ne suis point ménagé non plus, les cavaliers se découvrirent et promirent de rapporter aux barons du Hainaut et aux gens du pays, les sentiments dont les Ronds étaient animés. Les écuyers partirent, et dès-lors, il n'y eut plus personne dans le Hainaut qui ne favorisât les projets des conjurés (1). Enfin, à l'heure où je parle à ma souveraine maîtresse, quatre-vingt-

---

(1) Edward Le Glay, *Hist. des Comtes de Flandre*.

quatre de ses vassaux sont égorgés, et ce qui lui restait de gens dévoués vient d'abandonner la province.

Jusque là, Marguerite était demeurée attentive au récit du grand-bailli, et peut-être aurait-il continué, si elle ne se fût levée remplie de colère et pâle de fureur.

— Je vois à qui j'ai affaire ! s'écria la comtesse. Tout ceci est l'œuvre de ces détestables enfants que j'ai bien raison de haïr. Dieu me punit de mon alliance avec leur père, mais, en me faisant leur mère, il m'a laissé le pouvoir de les punir. J'en aurai raison ! ajouta-t-elle.

Puis, jetant un regard sur les assistants, Marguerite aperçut dans la foule quelques-uns de ses vassaux, qui avaient fui le Hainaut pour venir avec le bailli apporter leurs plaintes au pied du trône de leur souveraine.

— Vous, ici ? s'écria Marguerite avec surprise.

— Hélas, madame ! répondit l'un d'eux ; nous avons fait tout ce qui dépendait de nous pour exécuter les ordres que vous nous avez transmis, mais, la révolte est générale : paysans, serfs et bourgeois, tout est contre nous ; et devant mille poignards levés sur nos têtes, il nous a fallu fuir.

— Ils sont donc bien cruels ?... demanda Marguerite.

— Jugez-en, madame ! dit le grand-bailli, en faisant avancer jusqu'aux pieds de Marguerite, les malheureuses femmes mutilées par ordre de Bolwel.

Un cri de terreur s'échappa de la poitrine de la comtesse de Flandre à la vue du spectacle horrible qu'offrit à ses yeux le groupe de ces malheureuses victimes des Ronds. Elle ne put le supporter, car elle cacha sa figure de ses deux mains et se prit à pleurer.

Etait-ce des larmes de pitié ou de colère? nous l'ignorons.

Les femmes se jetèrent à ses genoux en sanglotant et en appelant sur les auteurs de leurs maux toute la vengeance de Marguerite.

Celle-ci reprenant un peu d'énergie aux cris déchirants que proféraient ces malheureuses, dont quelques-unes se roulaient à ses pieds, se dressa de toute sa hauteur ; et semblable à la lionne qui veut défendre ses lionceaux, elle enveloppa du regard toute la foule de vassaux et de serfs qui l'entourait, étendit sur elle ses bras, comme pour la protéger, puis, d'une voix émue, mais rendue puissante par la colère, Marguerite dit :

— Oui! oui! tant d'atrocités seront vengées! qu'on réunisse mes hommes d'armes, que tout ce qui peut porter un épieu se lève en Flandre et purge le Hainaut de ce ramas de brigands. — Et vous, notre grand-bailli, ajouta-t-elle, approchez, et dites-nous les noms de ceux qui conduisaient les conjurés! vous les savez, peut-être?

Le grand-bailli allait répondre, lorsqu'un homme vêtu d'une cape qui lui couvrait une partie du visage, fendit la presse et arriva jusqu'aux pieds de Marguerite.

—Le grand-bailli ne les sait pas, dit l'inconnu.

— N'est-ce donc point le fils aîné de Gérard, qui est le chef des Ronds? demanda le magistrat.

— Non! répondit l'inconnu.

— Quel est-il donc?

— Moi!

— Vous? s'écria la comtesse avec un sourire de satisfaction sur les lèvres. — Vous?

— Oui! moi! répondit l'inconnu.

— Audacieux! qui osez venir jusqu'ici; quel est donc votre nom? demanda Marguerite.

— Jacques Bolwel !!!

La comtesse n'eut pas plus tôt entendu prononcer ce nom, qu'elle pâlit, chancela et se laissa aller sans force sur son fauteuil.

Elle ne put que prononcer ces quelques mots :

— Tout le monde dehors! qu'on me laisse avec cet homme! vite! qu'on obéisse! sortez!

Aussitôt, dames, écuyers, varlets, magistrats, serfs et femmes, abandonnèrent la salle, sans voir que Marguerite venait de tomber évanouie dans les bras de Bolwel, qui ne put réprimer un léger sourire, en se voyant seul avec la comtesse de Flandre.

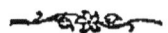

MARGUERITE DE CONSTANTINOPLE AU CHATEAU DE GUERLAECK.

— Encore vous ! s'écria la comtesse, lorsqu'elle sortit de l'état de léthargie dans lequel la présence de Bolwel l'avait jetée.

— Toujours et partout, madame ! répondit celui-ci en prodiguant quelques soins à Marguerite. Je vous l'ai dit, l'injure et l'affront que j'ai reçus ne sortiront de ma mémoire qu'au moment suprême ; et je n'oserais affirmer que, lorsque je paraîtrai devant le souverain juge, je me souviendrai assez que je suis chrétien pour ne pas vous accuser à son tribunal redoutable.

— Mais alors, vous me poursuivrez donc éternellement? s'écria Marguerite avec abattement.

— Tant que vous n'aurez point réparé l'injustice que vous avez commise, vous me verrez autour de vous, semblable au spectre qui poursuit le criminel, dit Bolwel. J'ai sur vous l'avantage de ne craindre, ni vos châtiments, ni votre vengeance. J'ai le droit et le pouvoir de vous braver et de rire des efforts que vous pourriez faire pour me nuire! Aussi, viens-je d'en user largement, comme vous voyez? Une révolte éclate dans le Hainaut; un crime ordonné par vous ou du moins consommé par vos vassaux, en est le prétexte. Je m'empare de cet incident pour ameuter contre vous toute cette population qui vous hait, et bientôt la révolte gagne, gagne et s'étend avec la rapidité de l'éclair. Vive Dieu! si vous les aviez vus comme ils se jetaient sur vos gens! Cela faisait plaisir à voir!

Bolwel éclata d'un rire strident en finissant de parler, et la comtesse ne trouva point une seule parole à lui répondre.

Un silence de quelques secondes, pendant lequel Bolwel ne quitta point des yeux Marguerite, étourdie et affaissée par le coup qu'il venait de lui porter, suivit ces paroles ironiques du partisan.

Ce fut Marguerite qui le rompit.

— N'aurez-vous donc aucune pitié pour mon âge et pour ma faiblesse? dit la comtesse d'un ton suppliant.

— Si, madame! répondit Bolwel. Je suis tout disposé à pardonner, si vous revenez à de meilleurs sentiments envers celui qui est la cause innocente de tout ceci. Que me font, à moi, vos démêlés avec les d'Avesnes! — Cela m'importe peu. — Que vous affectionniez les Dampierre au préjudice des autres, cela ne peut m'irriter; mais, que vous fassiez souffrir un malheureux pour lequel j'ai juré de consacrer ma vie, je ne le tolérerai jamais, entendez-vous?

— Qui vous a dit que cet enfant fût victime de mes ressentiments?

— Tout, madame!

— Cela n'est point! Et d'ailleurs, en voulez-vous la preuve?

— Je l'exige! répondit le partisan d'un ton impérieux.

— Et alors... vous me laisserez au moins quelque repos ? demanda Marguerite.

— Nous verrons!

— Implacable ennemi !

— Cet ennemi ne demande qu'à vous tendre la main, répondit Bolwel.

— Voulez-vous me suivre jusqu'à Guerlaëck ?

— Partout où vous voudrez, pourvu que je le voie.

— Je vais ordonner les préparatifs du départ.

— Quel jour vous y trouverai-je?

— Demain soir, au coucher du soleil.

— Demain soir, j'y serai! répondit le partisan. Mais ne me trompez point, ou craignez que je ne fasse usage des armes terribles que j'ai entre les mains.

— Vous savez que je ne puis moins faire que d'être obéissante.

— Je le sais! répondit Bolwel, le sourire sur les lèvres. —A demain, donc!

Et comme pour pousser l'ironie jusqu'au bout, il prit la main de Marguerite, que celle-ci lui abandonna, puis, il la conduisit à l'extrémité de la galerie où se trouvait un balcon qui donnait sur la cour. Il en souleva les lourdes tapisseries, montra à la comtesse cette cour remplie de serfs et de vassaux au milieu desquels le grand-bailli faisait des efforts inouis pour maintenir leur impatience, et Bolwel contraignit la comtesse à les congédier.

Marguerite, fascinée par l'ascendant que cet homme exerçait sur elle, obéit machinalement.

Le partisan se blottit dans les plis de l'étoffe, et la comtesse de Flandre, la voix émue et le visage pâle et contracté par suite de la scène qui venait d'avoir lieu, s'adressa ainsi à la multitude.

— Magistrats, vassaux et manants, ce n'est pas en vain que vous serez venus réclamer notre appui. Reposez-vous, mes fidèles, sur les bonnes intentions qui nous animent, et croyez qu'avant peu nous vous aurons vengés des maux que vous avez soufferts. Notre grand-bailli du Hainaut va, d'après mes ordres, vous donner asile dans notre province de Flandre jusqu'à ce que celle du Hainaut soit venue nous demander grâce et merci.

Un hourra général accueillit ces paroles, dont on peut juger la sincérité, d'après ce qui précède, et la foule s'écoula ensuite lentement, conduite par le grand-bailli, qui, pour céder aux désirs de Marguerite, répartit dans la province les serfs, les vassaux et les femmes, chez les seigneurs flamands.

Dès que la cour du château de Winendaële fut vide, Bolwel prit une dernière fois congé de la comtesse et disparut. Il alla ensuite rejoindre son coursier qu'il avait attaché à un arbre dans le bois voisin, l'enfourcha, lui fit sentir l'éperon, et prit le chemin d'Ath, où il n'arriva que fort avant dans la soirée.

Dame Marthe et ses deux filles l'attendaient avec impatience. Après les avoir rassurées sur le sort de leur famille, il les engagea de prendre quelque repos, puis il alla s'enfermer dans sa chambre, ouvrit un bahut et en tira un coffret dont il souleva le couvercle avec toutes sortes de précautions.

Ses mains tremblèrent lorsqu'il saisit l'objet scellé au lion de Flandre que renfermait ce petit meuble. C'était un parchemin poudreux, qu'il déposa sur la table et qu'il approcha ensuite de la lampe afin de mieux y lire.

A ce moment, la poitrine de Bolwel, oppressée et haletante, ne lui permit point de proférer une seule parole. Il fallut que quelques minutes s'écoulassent, avant qu'il pût articuler un mot.

— Pauvre cher enfant! où es-tu? dit-il avec un accent de tristesse indéfinissable. — Dans quelque terrible cachot du castel de Guerlaëck... forteresse abandonnée aux hiboux et aux oiseaux de proie... où le diable et son sinistre cortège viennent te tourmenter peut-être!... Et dire que cela dure depuis 20 ans !... Et que depuis cette date mémorable, je n'ai pu t'embrasser que deux fois!...

Bolwel s'arrêta, car la parole lui manqua et des sanglots étouffèrent sa voix. Il y eut un moment de silence après lequel il s'écria comme un homme qui a pris une détermination bien arrêtée.

— Allons! Allons! la partie est engagée!.. Si Marguerite refuse de ratifier cet écrit signé de sa main, scellé de son sceau.. eh bien! ni trêve ni merci!.. elle se heurtera contre un rocher où elle succombera! car je jetterai le

Hainaut sur la Flandre et dussé-je n'y laisser que des ruines, j'achèverai mon œuvre.

Bolwel, le visage inondé de larmes, replia le parchemin, le remit dans le coffret qu'il replaça dans le bahut et alla prendre un repos dont il avait besoin, après une journée où son cœur avait été mis à de bien rudes épreuves.

Tandis que Bolwel était dans sa maison à Ath, Marguerite, sans faire connaître à ses fils ni à ses serviteurs le but de son voyage, en avait ordonné les apprêts, et suivie de quelques varlets, elle se rendait au château de Guerlaëck où elle arriva dans la journée du lendemain.

Les habitants du village ne virent pas sans une surprise mêlée d'effroi la comtesse et de ses gens, dont l'incognito fut rigoureusement observé, franchir le pont-levis et entrer dans le château, où ils croyaient que personne autre que les lutins n'habitait.

C'était une chose accréditée parmi eux, que cette forteresse, dont les fossés étaient remplis de ronces et d'épines, dont les murs moussus lui donnaient un sinistre aspect, était hantée chaque nuit par le démon, qui venait y tourmenter l'âme d'un seigneur châtelain mort dans l'impénitence, après un meurtre commis sur sa femme. Or, les paysans, au lieu de faire cortège à la comtesse, dont la suite devait au moins leur faire supposer une dame noble, les paysans, disons-nous, s'enfuirent avec épouvante jusque sur la place du village, où ils arrivèrent au moment où Bolwel attachait son coursier au-devant d'une hôtellerie, dans laquelle il se proposait de passer quelques instants avant de se rendre au château.

Il ne put s'empêcher en les voyant ainsi courir, de demander à ces gens le motif de leur terreur.

Un vieillard vint à lui, qui lui raconta ce que nous avons dit plus haut, et comme il voyait qu'il avait affaire à un étranger, il demanda à Bolwel s'il lui plairait d'entendre la ballade composée à ce sujet.

Le partisan, qui ne devait se rendre au château qu'au soleil couché, accepta l'offre du flamand, mais, comme la neige couvrait la terre, et que, malgré la longue course qu'il venait de faire, Bolwel avait besoin de réchauffer ses membres engourdis, il se fit suivre dans l'hôtellerie par les habitants du village, leur fit servir deux pots de bière, et après qu'ils eurent bu, le vieillard ôta son capul et chanta :

> Un soir je vis,
> Regagnant ma chaumière,
> Au pont-levis
> Paraître la lumière
> Du Farfadet,
> Qui cause notre crainte.
> Puis, en effet,
> Ce n'est point une feinte,
> Mille lutins,
> Qui dansaient à la ronde,
> Esprit malins
> Dont ce castel abonde.

Les paysans glacés de terreur à ce premier chant, reprirent ensemble :

> Parlez plus bas de ce monstre odieux,
> Craignez, craignez son pouvoir détestable,
> Gais paysans, abandonnez ces lieux,
> Éloignez-vous ! c'est le château du diable.

Le vieillard continua :

> N'a-t-on pas vu,
> Le passant solitaire
> Tremblant, ému,
> Se courber jusqu'à terre ?
> Lorsqu'un géant
> A la voix menaçante,
> Apparaissant
> Comme une ombre sanglante,
> Sortait le soir
> De cet antre effroyable !
> Il fait si noir,
> Dans le château du diable.
> Parlez plus bas, etc.

firent ensemble les paysans, en regardant autour d'eux pour s'assurer si quelque démon n'allait point faire irruption dans l'hôtellerie.

Et lorsque le refrain eut été chanté, le vieillard ajouta :

> Oui, j'ai vu le spectre effrayant ;
> Et malgré mon courage ;
> De tout mon corps j'étais tremblant,
> Devant l'affreuse image.
> Puis, j'entendis un long soupir.
> Dont le souvenir
> Me fait frémir.
> Amis ! Si vous craignez le spectre épouvantable,
> N'allez plus au château du diable.
> Les morts ici font leurs sabats,
> Et plus d'une sorcière,
> Le soir vient prendre ses ébats
> Au fond de la bruyère !
> Les Démons et les trépassés
> Partout la nuit sont dispersés
> Amis ! Si vous craignez le spectre épouvantable,
> N'allez plus au château du diable.

Tandis que le vieillard chantait, la nuit

était venue, et Bolwel se disposa à se rendre au château.

Les paysans, encore sous l'impression de ce chant lugubre, regagnèrent en tremblant leurs chaumières ; et il n'y eut bientôt plus dans les rues que le partisan se dirigeant vers le lieu de son rendez-vous.

Quelques minutes lui suffirent pour franchir la distance qui séparait l'hôtellerie de ce château dont on lui avait fait de si lamentables récits, et où il allait revoir l'objet pour lequel la comtesse lui avait, malgré ses cinquante-six ans et sa dignité de souveraine, donné cet étrange rendez-vous.

Bolwel se berçait de si douces illusions, son esprit était tellement absorbé par l'idée qu'il se faisait des douceurs qui l'attendaient au château de Guerlaëck, qu'il ne s'aperçut de son arrivée devant le manoir, que lorsque son coursier alla heurter contre les chaînes du pont-levis.

Selon l'usage du temps, il tira quelques sons d'un cor suspendu à son cou, et presque aussitôt, le pont s'abaissa, et un vieillard octogénaire vint s'informer du nom de celui qui demandait à entrer. Lorsque Bolwel se fut fait connaître, cet homme le conduisit avec beaucoup d'égards jusqu'à la première cour, où il le remit entre les mains des varlets de la comtesse qui l'attendaient.

Bolwel ne put réprimer un sentiment de crainte à l'aspect sinistre qu'offraient les hautes murailles du castel. Eclairés par les torches de ses conducteurs, les longs corridors silenlencieux et sombres qu'il lui fallut traverser pour aller jusqu'à la salle où Marguerite l'attendait, n'étaient d'ailleurs point faits pour diminuer en lui l'espèce de pressentiment douloureux qui était venu le saisir.

Quoi qu'il en soit, le partisan, fort de l'ascendant qu'il exerçait sur la comtesse, au moyen du secret qui existait entre eux, reprit son assurance et arriva devant elle avec le ton délibéré qu'on lui a déjà vu lors de sa présence à Winendaële.

— Retirez-vous ! dit Marguerite aux varlets. Retirez-vous ; mais ne vous éloignez pas, j'aurai besoin de vos services !

Les varlets s'inclinèrent et laissèrent leur souveraine avec Bolwel.

— Vous voyez si j'ai tenu ma parole, dit Marguerite. Vous allez vous retrouver avec celui dont vous m'accusez de faire le malheur et vous apprendrez de sa propre bouche, si vos accusations sont fondées !.. Je gémis comme vous de la nécessité où je suis d'être obligée d'agir comme je le fais, mais, croyez que mon cœur est incapable d'oublier quels liens m'attachent à cet enfant. Au surplus, ajouta-t-elle, vous allez en juger vous-même.

Marguerite fit un appel et les varlets rentrèrent.

— Conduisez ce chevelier dans la salle du Faisan, tenez-vous à ses ordres et obéissez lui comme à moi-même.

Sans avoir placé une seule parole, Bolwel, qu'une affreuse pensée venait de saisir, suivit les gens de la comtesse ; et, comme il fit en s'en retournant, un mouvement pour s'incliner devant elle, il surprit un signe d'intelligence échangé entre le chef des varlets et Marguerite.

Malgré son assurance, le partisan éprouva une nouvelle crainte. — Néanmoins, il suivit ses conducteurs, qui l'introduisirent dans la salle désignée par Marguerite, en lui assurant qu'ils allaient lui amener la personne qu'il désirait de voir.

— Corps du Christ ! s'écria Bolwel quand il se vit seul, est-ce que cette noire comtesse aurait quelque mauvais dessein sur ma personne ? Il ferait beau voir que ses chiens essayassent de mordre à ma casaque ! Par Dieu ! je jure que cette action leur coûterait cher !...

En prononçant ces paroles, le partisan tira son épée et en essaya la lame contre les parois de la salle, lesquelles rendirent un bruit sourd que répercutèrent les échos des galeries ; puis, les pas de plusieurs hommes se firent entendre. Bolwel prêta l'oreille, et lorsqu'il se fut convaincu qu'on venait vers lui, il se mit sur la défensive ; de telle sorte que les varlets furent étrangement surpris lorsqu'ils parurent, de lui voir l'épée et la dague à la main.

Ils introduisirent un jeune homme d'une vingtaine d'années, au regard doux et mélancolique, duquel Bolwel s'approcha après qu'il eut remis ses armes au fourreau.

Il fit ensuite un signe aux gens d'armes qui s'éloignèrent et de sa main tremblante d'émotion, le partisan attira dans le coin le plus reculé de la salle le jeune homme qui s'y laissa conduire.

Lorsque Bolwel se vit seul avec son compagnon, dans cette pièce immense éclairée seulement par une torche de résine attachée aux parois et fixée par un anneau de fer:

— Enfant! lui dit-il en s'asseyant sur le banc de chêne qui régnait autour des lambris ; enfant! ne me reconnais-tu point!

— Non, messire! répondit timidement le jeune homme, je ne crois pas vous avoir jamais vu.

— C'est vrai!... il y a si longtemps! dit Bolwel en essuyant une larme. — Il y a dix ans! — Ne te souvient-il plus de cette délicieuse campagne sur les bords de l'Escaut?

— Oh! si!.. si!.. répondit le jeune homme avec exaltation. — Si je me rappelle cette époque avec bonheur! J'étais libre alors.... j'étais joyeux lorsque je parcourais ces prairies émaillées de fleurs, lorsque je partageais les jeux des enfants de mon père adoptif!.. Pauvre Réné!... cher Martial!.. que sont-il devenus?.. le savez-vous?

— Hélas! mon enfant, répondit Bolwel, je ne les ai jamais revus non plus! Les hasards de la guerre m'ont éloigné d'eux ; mais tu les reverras peut-être un jour!..

— Pourquoi me retient-on dans ce sinistre château, où je ne vois personne que ce vieux majordome qui ne me répond jamais quand je lui adresse la parole, dit le jeune homme avec une tristesse qui gagna le cœur de Bolwel. — Pourquoi cette dure captivité, qui attriste mes jeunes années, quand je sens dans mes veines le courage nécessaire pour faire de moi un homme ? Pourquoi ces habits de soie, quand je me sens la force d'endosser la cuirasse et de porter une épée ?

— Pourquoi ?.. Je vais te le dire, enfant ! répondit Bolwel en baissant la voix — Approche !... approche encore plus près, afin que mes paroles ne puissent être entendues que de toi ! C'est un secret, vois-tu ! un secret terrible qui pèse sur ton existence et qu'il faut que je te révèle aujourd'hui, puisque j'en ai l'occasion, car demain je ne le pourrai peut-être plus !

— Un secret ? fit le jeune homme avec surprise.

— Oui, mon enfant. Ecoute, dit le partisan en lui prenant la main. J'avais un frère dont le savoir et la bravoure firent toute la fortune; jeune et beau cavalier, il fut remarqué par une noble dame qui se l'attacha et dont il devint l'écuyer. — Son existence devait donc s'écouler douce et tranquille au milieu des honneurs et de l'affection de ceux qu'il savait captiver par la noblesse de ses manières, lorsque le ciel vint mettre son courage et sa vertu aux plus rudes épreuves qu'il puisse faire subir à un homme. Les devoirs de sa charge l'appelaient sans cesse auprès de la noble dame. Celle-ci, jeune encore, n'avait pu voir sans en être éprise, les avantages physiques dont mon frère était doué, et dès-lors, il fut en butte aux obsessions de cette femme, dont la passion augmenta en raison des obstacles qu'elle rencontrait. Mon frère fut, pendant deux ans, accablé du plus affreux tourment, car son imagination ardente n'ayant pu vaincre chez lui la promesse qu'il avait faite d'éviter l'écueil, il ressentit à son tour pour la noble dame un amour qui ne fit que grandir chaque jour. — Que te dirai-je, enfant? — Dans un voyage que fit la dame, mon frère et elle devinrent criminels. — La femme oublia ses devoirs d'épouse, et mon frère trompa son seigneur et maître.

Plus tard, et cela, avant la fin du voyage qui dura deux ans, les coupables s'aperçurent que le fruit de leurs œuvres allait naître pour les accuser. La dame perdit la tête: mon frère seul sut conjurer l'orage. — Il alla trouver l'époux et lui annonça que sa femme ne serait de retour que beaucoup plus tard qu'elle ne l'espérait; que des raisons d'état de la plus haute importance la retenaient encore, bien malgré elle, éloignée de lui, mais, que sitôt que cela lui serait possible, elle rentrerait au castel. L'époux crédule le crut, et mon frère retourna vers son amante, près de laquelle il arriva le jour où naquit le fruit de leur coupable union. Les précautions avaient été si bien prises, que nul ne sut ce qui venait de se passer, et la dame, certaine d'avoir échappé au plus grand péril, après avoir remis l'enfant à des mains mercenaires et s'être rétablie de ce grave événement, fit ses apprêts pour retourner vers son époux. — Son cortège d'écuyers et de vassaux avait déjà marché pendant deux jours, lorsqu'en traversant une forêt, il fut tout-à-coup attaqué par une bande de soudards. — L'amant et les écuyers mirent bien l'épée à la main, mais, ils furent accablés par le nombre, et mon pauvre frère eut la douleur d'entendre de la bouche même de sa maîtresse sortir l'ordre de le massacrer. — Il devenait dès-lors évident que la dame voulait ainsi se débarrasser du complice de son crime ; mais Dieu qui se joue des projets des hommes, permit que je passasse précisément de ce côté. Le bruit des armes m'ayant attiré sur le lieu du combat, j'y arrivai au moment où cet ordre cruel venait d'être donné, et au moment où, la victime, percée de coups, appelait à son secours. — A la voix de ce frère tant aimé, je tirai mon epée, je frappai d'estoc et de taille, tant et si bien, que les soudards effrayés de ma présence inopinée, croyant sans doute que j'avais des amis cachés dans le bois, emmenèrent la dame et ceux de ses écuyers qui n'étaient point morts, et disparurent me laissant seul avec mon pauvre frère, qui me raconta les circonstances que je viens de rapporter et qui me fit connaître le lieu où son fils avait été placé; puis, lorsqu'il eut terminé ce lamentable récit, le sang qui lui sortait par la bouche le suffoquant, il expira dans mes bras en me faisant promettre de venger sa mort et de prendre soin de son fils. — Ne pouvant l'emporter au milieu des ombres de la nuit, je le plaçai dans le taillis de manière à pouvoir retrouver son cadavre le lendemain, et la rage dans le cœur, la poitrine gonflée de chagrin, je piquai des deux mon coursier et je me mis à la poursuite de la femme criminelle. Je fus deux heures avant de la rejoindre. C'était à l'entrée d'une des villes du Brabant dont je n'ai point retenu le nom. Je l'y laissai pénétrer et j'allai ensuite me poster près de l'hôtellerie où elle alla loger. Comme elle cachait son nom et sa qualité, il me fut facile de pénétrer jusqu'à elle, en me donnant le titre d'envoyé de son noble époux. Lorsque je fus en sa présence, je verrouillai soin la porte et je lui dit :

— Madame ! vous venez de faire tuer mon frère !

— Votre frère ? s'écria-t-elle avec épouvante.

— Oui, madame ! mon frère ! Arthur Bolwel, le père de votre enfant ! ajoutai-je en tirant mon épée.

— Vous savez ?

— Tout, madame !

— Et que voulez-vous ?

— Justice, madame ! justice ! répondis-je. La mort de mon frère, je la vengerai, mais, son fils, il lui faut une famille et vous allez déclarer sur l'heure qu'il est de la vôtre.

— Jamais ! s'écria la dame avec colère.

— Vous ferez cela ou je vous tuerai ! répondis-je en lui mettant la pointe de mon épée sur la poitrine. Je vous tuerai, et demain toute la Flandre, saura pourquoi vous être trépassée.

— Horreur ! horreur ! se prit à dire cette femme en se cachant la figure de ses deux mains.

— Tracez donc sur un parchemin cette déclaration, ou j'exécute ma menace.

Me voyant décidé à joindre l'action à la parole, la noble dame tira de son sein un parchemin auquel était attaché un sceau de plomb à ses armes, puis, au moyen d'un crayon enfermé dans l'étui que contenait son aumônière, elle me fit la déclaration que je demandais. — Muni de cet acte, je quittai l'hôtellerie, en ayant le soin de demeurer caché dans la ville jusqu'à ce que cette femme et ses gens fussent éloignés, puis, je revins au lieu où gisait mon frère, que je fis inhumer en terre sainte. De là, j'allai au village où l'enfant devait être, mais, dès la veille, la dame avait donné l'ordre de l'emmener et on ne sut me dire où il était. Quoique redoutant les excès auxquels cette malheureuse pouvait se porter, je demeurai tranquille pendant quelque temps et j'eus enfin le bonheur de voir mon neveu ; tout jeune enfant qui promettait de devenir aussi beau que son père. Il fut du reste impossible à la dame de me refuser cette faveur, car, elle savait que j'avais entre les mains un titre qui pouvait la tuer si j'en faisais usage. — Tu sais tout, mon enfant !

— Mais ! je suis donc ce fils de votre frère ? demanda le jeune homme.

— Oui, mon enfant ! tu es le fils de ce pauvre Arthur, massacré par les ordres de ta mère !

— Infamie !.. s'écria le jeune homme. — Et quelle est donc cette femme à qui j'ai le malheur de devoir le jour ?

— Chut ! fit Bolwel ; elle est ici.

— Ici ? exclama le jeune homme, terrifié. — Comment... celle que j'ai vue tout-à-l'heure ?....

— C'est elle !

— Elle ?... Son nom ?...

— Marguerite de Constantinople, comtesse de Flandre et de Hainaut.

— Ciel !... Cette femme, c'est la comtesse ?... et cette comtesse, c'est ma mère ?..

— Paix ! mon enfant !... dit Bolwel en baissant de plus en plus la voix. — Paix ! nous avons encore à nous entretenir ensemble avant de nous quitter.

Et comme le jeune homme était resté anéanti sur son banc après cette révélation qui jeta le trouble dans son âme, Bolwel lui prit une seconde fois la main.

— Ecoute, Arthur ! Ecoute-moi bien !

— Oui, messire !

— Je soupçonne que ta mère ne veut pas me laisser sortir de ces lieux.

— Vous ?..

— Oui ! ajouta Bolwel. — Mais, si cela arrive, et qu'un jour tu sois libre, n'oublie pas d'aller à Ath.

— A Ath !

— Oui ! répondit le partisan. — Et là, tu demanderas la demeure de Bolwel. — Tout le monde te l'indiquera. — Au moyen de l'anneau que voici et que tu présenteras à mon serviteur, il te fera maître de tout ce qui m'appartient. Or, au fond d'un coffret renfermé dans un bahut, au pied de mon lit, tu trouveras l'acte par lequel Marguerite te reconnaît pour son fils. Tu en feras alors l'usage que le ciel te suggérera. Dans tous les cas, mon enfant, n'oublie jamais que ton père a péri victime de la comtesse de Flandre, et que j'ai juré de venger sa mémoire.

— Mais ! la comtesse est ma mère ? répondit Arthur.

— Il ne faut pas l'oublier non plus, mon enfant ! dit Bolwel ; mais, il peut arriver un moment où nulle considération ne devra t'arrêter; et qui sait si un jour les d'Avesnes et les Dampierre ne te contesteront pas une place parmi eux.

— Oh ! alors, messire ! je me souviendrai de mon père ! répondit Arthur avec exaltation.

— Bien, enfant ! bien ! fit Bolwel. — Ecoute encore ! ajouta-t-il : Tu trouveras dans ma demeure une pauvre veuve avec ses deux filles. Tu écouteras leur récit, tu les croiras, car elles sont malheureuses et elles ont besoin d'un appui que je ne pourrai plus leur donner!.. Si tu es le digne fils de ton père, tu auras pitié d'elles et de leur famille.

— Je vous le promets ! répondit Arthur.

— Merci, mon enfant ! dit Bolwel. — Merci !. Et maintenant, à genoux tous les deux, et remercions le ciel de ce que l'imprévoyante Marguerite a permis cette entrevue qui me donne la douce espérance de descendre dans la tombe, en laissant sur la terre un héritier de ma haine pour le meurtrier de mon frère.

Le partisan et son neveu s'agenouillèrent et se mirent en prières. Ils étaient encore dans cette attitude pieuse, lorsque les gens d'armes entrèrent.

Ils accompagnaient la comtesse Marguerite dont la poitrine haletante trahissait l'émotion.

— Bolwel jugea d'un coup-d'œil rapide que cette femme était en proie à quelque vive préoccupation, et ce qui le confirma dans cette idée, ce fut la froideur avec laquelle elle accueillit Arthur, que, par sentiment maternel, autant que par politique vis-à-vis du partisan, elle aurait dû recevoir dans ses bras.

Bolwel eut le temps de dire à Arthur ce peu de mots :

— Silence ! sur tout ce qui vient de se passer.

— Je vous le promets, répondit le jeune homme.

Puis la comtesse s'approcha de Bolwel, et lui dit assez bas pour n'être point entendue des gens qui l'entouraient :

— M'avez-vous au moins épargnée ?

— Madame ! je vous le rends tel que vous me l'avez donné.

— Merci ! répondit Marguerite. — Merci ! Puis, se retournant vers ses gens d'armes, elle ajouta : — jusqu'au repas du matin, reconduisez ce jeune homme dans sa logette. — Et vous, dit-elle en s'adressant à Bolwel, n'oubliez pas que je vous retiens, quand sonnera l'aube, pour notre entrevue d'adieu.

— Je n'aurai garde d'y manquer !

Marguerite laissa emmener Arthur, comme si ce jeune homme lui eût été étranger, mais, elle put voir le triste regard qu'échangèrent Bolwel et lui. Une vive rougeur couvrit son visage amaigri, et malgré elle, ses doigts se crispèrent ; puis, une horrible exclamation sortit de sa bouche et ceux qui étaient à ses côtés purent l'entendre s'écrier :

— Il faut en finir !!!...

Un arrêt de mort venait d'être prononcé.

LA VOIX DU SANG.

De tout ce qui va suivre, il ne faut pas conclure que Marguerite agissait d'après les inspirations de son cœur. Il se peut que cette princesse ait été injuste et cruelle envers les enfants de Bouchard d'Avesnes. Il se peut que ses rigueurs aient été excessives ; mais ces rigueurs n'étaient que la conséquence d'un caractère irrité plutôt que d'un calcul qui les auraient rendues plus odieuses encore. La comtesse de Flandre, placée comme elle l'était au milieu de ses enfants, donnant tout son amour aux Dampierres et sa haine aux d'Avesnes, ne trouvait plus d'espace dans son cœur pour l'enfant naturel que ses sentiments pieux lui interdisaient de faire disparaître. La raison en était peut-être due à ce que Jacques Bolwel, tenant entre ses mains l'écrit menaçant qu'elle avait tracé, pouvait, si on ne lui présentait pas son neveu, publier dans toute la Flandre le mystère d'iniquité qui liait la comtesse à son frère et lui nuire à ce point de la faire descendre du rang où sa naissance l'avait placée.

Afin d'acquérir la preuve que la comtesse obéissait à un sentiment involontaire et tout à fait en opposition avec son caractère, que le lecteur daigne nous suivre jusque dans l'oratoire où elle s'était retirée, après avoir quitté Bolwel ; il sera témoin du combat que se livraient dans le cœur de cette femme, l'humanité et l'honneur, à qui elle dut sacrifier.

— Arnold! dit-elle à son capitaine d'armes, avec lequel elle était demeurée seule dans son oratoire, la nuit s'avance et demain ne doit plus me revoir dans ce sombre manoir. — Ecoute, mon fidèle! j'ai besoin d'un bras dévoué et qui ne faiblisse point; le tien sera-t-il celui-là?...

— Oui, comtesse! répondit Arnold. Je suis votre humble serviteur, et quoi que vous me commandiez, je l'exécuterai.

— Bien! ajouta Marguerite. Où est l'homme que j'ai reçu dans ce manoir?

— Comtesse, il est resté dans la salle du faisan, où il attend sans doute vos ordres,

— Tu vas l'y aller trouver de ma part, et tu le feras conduire, pour y passer la nuit, dans la logette de la tour grise.

— Oui, comtesse.

— Lorsqu'il sera là — remarque bien ceci, dit Marguerite en baissant la voix et en montrant dans l'angle du mur un ressort caché. — Lorsque tu seras là, lorsque tu auras fait préparer la couche et le repas du soir, enfin, lorsque tu verras cet homme s'approcher de la table et qu'il se signera pour bénir sa nourriture, tu appuieras sur le ressort placé comme celui-ci dans un des coins de la logette et le plancher......... regarde!!! fit Marguerite en montrant de sa main tremblante le parquet de l'oratoire qui s'enfonça à la place qu'elle indiqua en laissant une ouverture noire et profonde devant laquelle recula d'épouvante le capitaine d'armes.

— Et cet homme? demanda Arnold pâle de terreur.

— Ne me demande rien! répondit la comtesse en lâchant le ressort qui permit au plancher de reprendre la place qu'il occupait. — Ne me demande rien. — Va! obéis et laisse-moi, ajouta-t-elle en proie à une fièvre dévorante.

— Mais!... s'il refuse de me suivre? dit Arnold.

— Eh bien!.. répondit la comtesse avec hésitation. — Eh bien! n'as-tu pas ton épée?

— Il suffit!.. dit l'homme d'armes en s'inclinant.

— Va, mon fidèle!.. va, et reviens bientôt me dire que tout est terminé! — Dépêche surtout, afin que je n'aie pas le temps de revenir sur cet ordre!.... Allons, va!...

Et poussant en quelque sorte son capitaine hors de l'oratoire, elle demeura seule.

Marguerite se jeta aussitôt à genoux sur le prie-Dieu vermoulu et couvert de poussière qui se trouvait là.

Sa poitrine était haletante, sa figure était couverte d'une pâleur mortelle, et une sueur froide inondait son visage et ses mains livides.

— Dieu! Dieu! ayez pitié de moi! dit-elle. Voyez la cruelle extrémité à laquelle je suis réduite!.. voyez ma perplexité.... mes angoisses... ayez pitié de mes souffrances!.. je frémis à la seule pensée que cet homme peut demain en sortant de ces lieux aller proclamer dans tous mes états que je suis une infâme adultère! C'est assez, mon Dieu, du crime que j'ai commis en donnant la main à l'un de vos prêtres!...

Ce crime a déjà trop retenti dans le monde, et je sens que je ne pourrais supporter la honte dont cet homme peut me couvrir !.... Rougir ! rougir aux yeux de mes enfants, de ces d'Avesnes qui ne manqueraient pas d'ameuter contre moi la Flandre tout entière désaffectionnée et me maudissant, oh! jamais! jamais! Mon Dieu! ajouta-t-elle en proie au délire. — Mon Dieu !.. si je suis maudite pour cette action !. frappez-moi, je l'ai mérité. Mais vivre avec ce glaive suspendu sur ma tête !... vivre avec une semblable infamie attachée à ma mémoire !... c'est impossible !... Dieu !... Dieu ! pour y échapper, que fallait-il faire ? parlez ! il en est temps encore ! inspirez-moi !... inspirez-moi !....

Marguerite, les deux coudes appuyés sur le prie-Dieu, semblait attendre une réponse, mais le ciel fut sourd à sa prière et n'apporta à ses oreilles attentives que le bruit des pas des hommes d'armes, répercuté par les échos des longues galeries du château de Guerlaëck. Peu à peu son esprit revenu aux choses de la terre, s'absorba tout entier dans le meurtre de Bolwel et la comtesse dévorée par la crainte, interrogea jusqu'au moindre mouvement qui se faisait dans le castel et frémit au bruit du vent, qui venait frapper les vitraux de plomb de l'oratoire qu'il chargeait de flocons de neige.

Cette situation fébrile de la comtesse dura fort longtemps, car le capitaine d'armes, en se rendant auprès de Bolwel, avait compté sans la précaution que celui-ci avait prise depuis que ses pressentiments, confirmés par les signes d'intelligence de la comtesse à ses gens, étaient venus lui dire de se tenir sur ses gardes.

Aussi lorsqu'Arnold entra dans la salle du Faisan, trouva-t-il Bolwel armé comme il l'avait déjà vu quelques instants auparavant.

— Messire ! dit le capitaine au partisan, j'ai l'ordre de vous conduire au retrait, où vous devez passer la nuit. — Daignez me suivre !

— Inutile ! répondit Bolwel. Je me trouve bien dans cette salle, et ces bancs me suffisent ! Merci de vos services.

— Messire, c'est l'ordre de la comtesse Marguerite.

— Allez lui dire que je ne lui obéirai point !

— Il le faut, messire !

— Et si je refuse ?

— Je serai dans la nécessité de vous y contraindre.

— De la violence ? dit Bolwel en faisant briller son épée à la lueur de la torche.

— Ne m'y obligez point, messire ! répondit le capitaine.

— J'en suis fâché ! répondit Bolwel, mais, malgré l'ordre de Marguerite, je ne quitterai point cette salle.

— Prenez garde, messire ! répondit Arnold.

— Prenez garde ! J'ai là derrière cette porte, cinq hommes d'armes qui n'attendent qu'un signe de moi pour pénétrer ici !

— Raison de plus pour que je m'obstine à demeurer ! répondit Bolwel.

— Messire ! ne vous en prenez qu'à vous seul de ce qui arrivera, dit Arnold, en faisant un pas vers la porte ! — A moi, ajouta-t-il.

Et les cinq hommes d'armes pénétrèrent dans la salle l'épée à la main.

— Par Dieu ! Voici une action qui me donne une haute idée de votre bravoure ! dit Bolwel en voyant les cinq gens d'armes de Marguerite en face de lui. Il faut que vous soyez bien abandonnés de Dieu, pour obéir à un ordre qui vous enjoint de vous mettre cinq pour donner la mort à un chevalier qui vient ici sous la sauvegarde d'une souveraine. Quoi qu'il en soit, mes maîtres ! ajouta Bolwel, le sort que vous me réservez ne m'effraie point, j'ai depuis deux heures habitué mon esprit à l'envisager et prié le ciel de m'accorder assez de courage, pour vendre au moins chèrement l'existence que vous voulez me ravir. Allons ! nobles hommes, comme il en faut à Marguerite ! venez vous mesurer avec Jacques Bolwel ! venez ! et lorsqu'il aura rendu le dernier soupir, comptez-vous, mes braves ; car, je le jure, plus d'un d'entre vous aura payé de sa vie sa lâcheté et sa félonie.

Arnold et ses gens d'armes comprirent parfaitement que l'action qu'ils allaient commettre était indigne ; mais Marguerite avait commandé, il fallait obéir.

— Flamands ! dit le capitaine, le temps marche, et madame Marguerite attend.

Puis, il dit encore une fois à Bolwel.

— Voulez-vous me suivre ?

Mais le partisan ne répondit rien et tint son épée prête pour le combat.

— Allons ! saisissez-vous de cet homme ! dit le capitaine à ses soldats.

Ils ne se firent pas répéter cet ordre, car les cinq épées se dirigèrent immédiatement vers la poitrine de Bolwel, lequel sut tellement bien éviter le coup, que les glaives relevés de sa main robuste, lui permirent de diriger la pointe du sien dans la poitrine de l'un de ses adversaires, qui alla rouler aux pieds du capitaine d'armes. Ce premier échec des gens de la comtesse les rendit furieux et ils se ruèrent sur le partisan, avec une telle impétuosité, que, malgré les blessures qu'ils lui firent, il put encore de sa main gauche enfoncer sa dague dans la gorge du capitaine, qui alla expirer à son tour auprès du soldat mort.

Bolwel, affaibli déjà par la perte de son sang, n'ayant plus affaire qu'à quatre gens d'armes, les tint longtemps encore en échec. Cependant la partie n'était point égale. Il fallut toute l'énergie que le partisan puisait dans la situation extrême où il se trouvait pour qu'il pût encore éviter les coups furieux de ses adversaires. Déjà sa figure, ses vêtements et ses mains étaient souillés de sang, déjà quatre profondes blessures lui avaient été faites et cet homme, d'une constitution robuste, se maintenait encore debout devant ses ennemis, lorsqu'en voulant parer un coup d'épée qu'on lui asséna sur la tête, son pied glissa dans le sang, dont était inondé le parquet de la salle et lui fit perdre l'équilibre. Il tomba, mais ce fut pour ne plus se relever, car, les quatre Flamands lui enfoncèrent leurs armes dans la poitrine et s'acharnèrent après lui jusqu'à ce qu'il eut rendu l'âme.

Ils allaient se retirer, lorsqu'une voix qui se fit entendre derrière eux, les fit se retourner.

— Lâches que vous êtes, vous allez avoir à compter avec moi! dit Arthur qui venait d'entrer et qui ramassa l'épée sanglante du capitaine.

Les gens de la comtesse se regardèrent.

Leur chef était mort, pouvaient-ils frapper ce jeune homme comme ils en avaient reçu l'ordre pour Bolwel?

Leur embarras était d'autant plus grand, qu'Arthur portait le costume des jeunes gens nobles, et que, dans le cas où ils auraient osé diriger leurs armes contre lui, ils commettaient un crime puni du dernier supplice.

Leur perplexité fut extrême.

Arthur la fit cesser.

— Eh bien! vous tremblez, maintenant? dit-il. — Suis-je moins vulnérable que ce malheureux à qui vous venez d'arracher la vie? Oh! n'ayez aucune crainte, que vos scrupules cessent si vous en avez encore! — Je suis d'un noble sang, mais, je sais au besoin me dépouiller du titre que le hasard de la naissance m'a donné lorsqu'il s'agit de venger une injustice. — Allons, mes maîtres! ajouta-t-il en brandissant son épée, puisque vous ne voulez pas venir à moi, il faudra donc que j'aille à vous!

Arthur, que la vue du cadavre de Bolwel rendait furieux, exaspéré que les gens d'armes restassent immobiles devant lui, n'osa cependant faire un pas vers eux dans la crainte de perdre la place qu'il s'était choisie pour le combat. Le pauvre jeune homme tremblait de tous ses membres. Il aurait voulu pouvoir d'un seul coup venger sur les meurtriers la mort de son oncle. Les gens de la comtesse, qui voulaient éviter de se mesurer avec lui, firent un mouvement vers la porte, mais, Arthur, sut adroitement se placer entre eux et cette issue.

— Vous ne voulez donc pas croiser votre fer avec le mien? dit Arthur avec rage.

— Non, messire! répondit l'un des hommes d'armes.

— Mais! si je vous frappais de cette épée? dit Arthur.

— Nous essayerions de nous défendre et de prendre la fuite! répondit l'homme d'armes.

— Impossible!.. impossible de remplir mon serment! s'écria le neveu de Bolwel. — Eh bien! ajouta-t-il, puisque ce seul moyen me reste, je l'emploierai! — Gens d'armes de Marguerite, je vous tiens pour des infâmes et pour des lâches, si vous refusez de venger l'affront que je vous jette au visage!

Et joignant l'action à la parole, Arthur donna de son épée un si violent coup au visage de celui des gens de Marguerite qui se trouvait le plus près de lui, que les trois soldats bondirent comme des tigres à cette action du jeune homme et oublièrent à qui ils avaient affaire.

Leurs épées voltigèrent aussitôt au-dessus de leurs têtes et retombèrent ensuite sur l'arme d'Arthur de laquelle ils firent jaillir mille étincelles. Le neveu de Bolwel, acculé contre la muraille, soutint avec avantage ce combat inégal, et ses adversaires en rompant à chaque coup qu'il portait avaient tellement gagné du terrain qu'ils se trouvaient près de la porte, dont ils se disposaient à franchir le seuil, lorsqu'un cri perçant venant de la galerie, leur fit suspendre leurs coups.

Une femme parut, qui souleva la portière et entra dans la salle.

Cette femme, c'était la comtesse de Flandre.

L'ÉVÊQUE DE LIÉGE.

— Ciel !.. s'écria Marguerite, en allant au jeune homme, comme pour le protéger contre les épées de ses redoutables adversaires.

Mais Arthur, par un mouvement spontané, recula à mesure que la comtesse avança.

Les hommes d'armes avaient remis l'épée au fourreau à la vue de leur souveraine, et s'étaient retirés derrière la tapisserie qui servait de portière, tout prêts à obéir au moindre signe de Marguerite.

— Madame ! dit Arthur en s'adressant à la comtesse dont les yeux restèrent constamment fixés sur lui. — Madame ! un crime a été commis ici ! — Il l'a été par vos ordres et vous a coûté la vie de quelques fidèles serviteurs. — Peut-être en éprouvez-vous déjà des remords !... C'est juste !... Mais après ce qui vient de se passer ; en présence de ce cadavre du seul homme qui, sur la terre, ait daigné penser au pauvre orphelin, j'ose vous déclarer que j'ai juré d'employer ce que j'ai de force et de courage à venger cette mort ! — Je n'ai ni l'envie, ni le droit de vous maudire ! mon devoir m'ordonne au contraire de cacher l'iniquité dont vous vous êtes couverte en ce jour ; mais, il m'en reste un autre à accomplir et je n'y faillirai point, croyez-le bien !... Comtesse de Flandre ! vous n'oserez dire aux Dampierre le crime d'aujourd'hui, vous n'oserez non plus l'avouer aux d'Avesnes, mais, vous ne pourrez le cacher au fils d'Arthur Bolwel, qui pourra bien quelque jour en faire la confidence à ses frères.

— Malheureux! qu'osez vous dire?... s'écria Marguerite atterée.

— Je dis, madame, que mon existence commence là où le meurtre de mon parent a été commis et, si la voix du sang me crie d'en épargner l'auteur, elle ne m'interdit pas d'en demander compte à d'autres.

— Vous oseriez?... exclama la comtesse.

— Tout! pour obéir à mon serment et pour payer mes longues années de captivité! répondit Arthur.

— Vous ne ferez pas cela! dit la comtesse d'un ton suppliant.

— Rien ne pourra m'en empêcher!

— Rien?..

— Rien!

— Pas même mes prières?...

— Non, madame!

— Ni mes larmes?

— Elles sont trop tardives.

— Mais! vous voulez donc que je fasse encore usage de ma puissance? dit la comtesse en se dressant, fière et menaçante, devant Arthur.

— Vous l'essaierez en vain! répondit le jeune homme.

— Soldats! dit Marguerite en appelant ses hommes d'armes qui reparurent.

— Un ordre contre moi? s'écria le neveu de Bolwel, exaspéré. — Comtesse de Flandre! je ne vous laisserai pas commettre ce nouveau crime ! — Mère implacable, vous ne tremperez pas vos mains dans le sang de votre fils !!!...

Et notre jeune homme, profitant de la stupeur dans laquelle ces dernières paroles jetèrent la comtesse et ses gens, donna un violent coup de son épée sur la torche de résine qui éclairait la salle, laquelle alla s'éteindre dans le sang qui inondait le parquet ; puis, à l'aide de la connaissance des lieux, il gagna la porte, traversa le corridor et descendit l'escalier de pierre qui conduisait à la grande cour, laissant ainsi la comtesse et ses hommes d'armes dans la plus profonde obscurité.

Ces derniers se mirent bien à la poursuite d'Arthur ; mais, avant qu'ils eussent pu gagner la cour, il avait eu le temps de s'emparer du cheval de son oncle et de forcer par la menace le vieux majordome à lui laisser le passage libre, sur le pont qu'il abaissa lui même.

Les gens de la comtesse coururent bien encore vers l'entrée du castel, mais, lorsqu'ils y arrivèrent et qu'ils trouvèrent le vieillard encore étourdi de ce qui venait de se passer, Arthur monté sur son coursier avait déjà gagné la campagne, où il leur aurait été impossible de le suivre, au milieu des épaisses ténèbres d'une nuit profonde.

Lorsque les hommes d'armes désappointés regagnèrent les bâtiments intérieurs, ils trouvèrent la comtesse encore palpitante de crainte et parcourant avec anxiété la galerie qui conduisait à son oratoire.

— Eh bien ? demanda-t-elle, du plus loin qu'elle les vit.

— Il a fui, madame ! répondit un des soldats.

— Il a fui ? répéta Marguerite avec accablement. — Il a fui ?.. Mon crime aura donc été inutile ? ajouta-t-elle. — Oh ! je ne puis demeurer ici plus longtemps !.. Ces lieux me rappellent des souvenirs......

Elle n'osa point achever sa phrase. Et comme ses hommes d'armes étaient arrivés jusqu'à elle, la comtesse eut encore le courage de les accompagner dans la salle où gisaient les cadavres de Bolwel et de ses meurtriers.

Elle leur donna l'ordre de les charger sur leurs épaules, puis, éclairant elle-même la marche de ce hideux cortège, elle le conduisit jusqu'à la tour Bleue, où l'on sait que le partisan devait trouver un autre trépas que celui qui avait terminé ses jours ; puis enfin, après avoir fait jouer le ressort dont elle avait parlé à son capitaine, le plancher disparut pour faire place à une large ouverture par laquelle les gens d'armes précipitèrent les cadavres qu'ils portaient, dans un abîme profond et rempli d'eau, qui se referma dès que Marguerite eut cessé de tenir le ressort de cette affreuse machine (1).

Une heure après, la comtesse de Flandre, accompagnée de ses gens, était sur la route de Winendaële, où elle n'arriva que le lendemain vers le soir.

On raconte qu'elle fit son entrée au castel sans suite ni varlets.

---

(1) Le château de Montigny et l'abbaye d'Anchin avaient aussi des oubliettes. — Derode, *Hist. de Lille.* Tom 1er, page 285.

Qu'étaient donc devenus les gens qui l'accompagnaient?

Nul ne le sut.

Personne ne sut non plus à la cour ce que Marguerite avait pu souffrir d'angoisses et de tortures pendant ces deux jours d'absence. Personne ne sut le motif de cette fièvre brûlante qui s'empara d'elle depuis sa visite au château de Guerlaëck et qui fut entretenue par la crainte que lui inspirait Arthur, dont les dernières et menaçantes paroles lui avaient appris l'indiscrétion de Bolwel. Marguerite, toujours attentive aux moindres nouvelles que lui apportaient les écuyers, cherchait à lire dans les événements qui se passaient autour d'elle, si la présence d'Arthur ou si son influence ne s'y révélait point. Ce fut ainsi que s'écoula son existence, minée par la fièvre, qui devait plus tard marquer le terme de sa vie, mais, qui lui permit de voir encore s'accomplir de tristes et cruelles choses.

Arthur quitta donc, comme nous l'avons dit, le château de Guerlaëck de toute la vitesse de son cheval. Dès que le jour fut venu, il s'empressa de demander le chemin de la ville d'Ath. Par une coïncidence heureuse, le neveu de Bolwel s'était dirigé, sans le savoir, vers le Brabant, de telle sorte que lorsqu'il s'adressa au paysan qui lui indiqua la route d'Ath, il était à quelques heures de cette ville.

Son premier soin en entrant dans le bourg fut de s'enquérir de la demeure de Bolwel, qu'on lui indiqua sur le champs, et où il pénétra en demandant à parler au vieux serviteur de son oncle. Au moyen de l'anneau que son parent lui avait remis, Arthur fut mis en possession de la maison de Bolwel par cet homme qui fondit en larmes au récit de la fin lamentable de son maître.

Lorsque sa douleur se fut un peu calmée, Arthur prit la parole.

— Que ton chagrin cesse, brave et digne serviteur du meilleur des hommes! Sèche tes pleurs, car si tu as perdu dans mon parent un bon maître, tu retrouveras en moi le soutien de ta vieillesse. Comme lui je t'entourerai de respect et de soins. Les gens de ta sorte méritent qu'on les vénère, car ils sont rares. Allons! remets-toi, mon ami! ajouta le jeune homme en prenant la main tremblante du vieillard ; remets-toi, et va dire à la veuve que mon oncle a recueillie, combien je serais heureux si elle daignait venir me trouver avec ses deux enfants!

Le vieux serviteur s'empressa d'obéir au neveu de son maître et alla trouver Marthe, tandis qu'Arthur, qui avait hâte de connaître le contenu du coffret, ouvrit le bahut d'où il tira le parchemin scellé aux armes de Marguerite.

Voici ce qu'il contenait :

« Je me confesse à Dieu et aux hommes.

» J'ai péché, et je prie Dieu, les hommes,
» mon époux et mes enfants de me pardonner.

» J'ai commis une faute, mais je veux, au-
» tant qu'il est en mon pouvoir, la réparer.

» A cette fin, je déclare que j'ai mis au monde,
» un fils, qui fut baptisé dans la chapelle de

» Sainte-Marie de Mons, et que ce fils a reçu
» le nom d'Arthur qui est celui de son père,
» mon serviteur et écuyer, Arthur Bolwel.

» Je veux, je désire et j'ordonne qu'il porte
» le titre de gentilhomme, qu'il marche à l'é-
» gal de mes enfants, ses frères, et je regarde-
» rai comme indigne celui de mes sujets ou
» de mes fils qui lui refuserait ce titre.

» Puissent Dieu, les hommes et ma famille
» me faire grâce et ne point maudire ma mé-
» moire.

» Huitième de Juin de l'an de N. S. J. C.
» 1235.

» Par moi, Marguerite, comtesse de Flandre
» et de Hainaut. »

Arthur ne put réprimer un petit mouvement de satisfaction à la lecture de cet écrit qui établissait d'une manière authentique ses droits naturels à tenir un rang élevé dans le monde. Après qu'il en eut pris une seconde fois connaissance, il remit le parchemin dans le coffret et en cacha soigneusement la clé dans sa sachette.

Cette opération était à peine terminée, lorsque Marthe et ses deux filles furent introduites.

Arthur alla au devant d'elles, les fit asseoir auprès de la table non loin du lit de son oncle, et leur annonça la perte qu'elles venaient de faire.

La veuve de Gérard le Rond pâlit de terreur à cette nouvelle. Elle raconta au jeune homme tout ce qui s'était passé depuis le meurtre de son époux, la part que Bolwel avait prise à l'insurrection de ses amis, l'état dans lequel ils se trouvaient et l'anxiété des Ronds depuis son départ.

Arthur écouta attentivement le récit de la veuve et sitôt qu'elle l'eut terminé, il lui dit :

— Dame Marthe ! votre noble défenseur est mort ! il a péri victime de son amour pour moi, mais, il m'a légué le soin de vous venger des cruautés commises envers votre famille. Ayez donc confiance en moi comme vous l'aviez en lui, et croyez que je n'ai pas moins que mon oncle le désir de seconder les nobles hommes qui ont armé leurs bras pour repousser le despotisme et l'agression des vassaux de la comtesse : — Dites-moi, ajouta-t-il, où pourrais-je retrouver vos fils ?

— Dans la ville de Thuin, où ils attendent toujours leur noble défenseur, répondit Marthe.

— Il suffit ! répliqua Arthur. Pour des motifs que je vous dirai plus tard, il faut, dame Marthe, que vous et ces deux jeunes filles me suiviez demain pour aller retrouver vos enfants et vos amis. Le séjour de cette maison peut devenir un danger pour vous. Vous voudrez bien m'accompagner, n'est-ce pas ?

— Oui, Messire ! répondit la veuve. Où vous voudrez, j'irai pour revoir mes fils.

— A demain de bonne heure, dame Marthe ! avant le jour, si vous le pouvez !

— Mes filles et moi serons prêtes lorsque vous nous ferez appeler ! répondit Marthe.

Le lendemain à l'aube, quatre chevaux attendaient dans la cour du logis de Bolwel.

Après avoir assuré l'avenir du vieux serviteur en lui faisant don de la maison et du verger de son oncle, Arthur fit monter en selle la veuve et les enfants du boucher de Chièvres, mit dans sa sachette le petit coffret contenant la déclaration de Marguerite et piquant des deux son coursier, il prit la route de Thuin, où le suivirent ses compagnes de voyage.

La route fut longue et périlleuse à cause des gens de la comtesse qui sillonnaient les routes. Aussi, le neveu de Bolwel eut-il plusieurs fois l'occasion de protéger contre leurs tentatives les pauvres voyageuses qui l'accompagnaient.

Brigitte, l'aînée des filles de Marthe, jeune personne de vingt à vingt-deux ans, d'une beauté remarquable, donnait tous ses soins à sa mère; tandis qu'Arthur, sans cesse occupé de Bathilde, dont la jeunesse lui inspirait un sentiment indéfinissable, devisait avec elle afin d'abréger la longueur du chemin. Le neveu de Bolwel ne put tout d'abord se rendre compte de l'impression que Bathilde avait faite sur son cœur, et ce ne fut qu'à la fin de la seconde journée et au moment d'arriver à Thuin, qu'il comprit combien la fille de Marthe avait su lui inspirer de douces affections. Dès-lors, il se sentit vivre d'une autre vie. Il lui sembla qu'un voile épais avait jusque là enveloppé son existence, et que ce voile venait de se déchirer pour faire place à une réalité qui le jetait dans des transports de joie inexprimables. Ni Marthe, ni Brigitte ne s'aperçurent de ce changement, et cependant, lorsque nos voyageurs franchirent les portes de la ville de Thuin,

Arthur était complètement métamorphosé. Enfin, il était amoureux ! cette vive passion que le neveu de Bolwel ressentait depuis quelques jours, aurait pu devenir, dans d'autres circonstances, fatale à la cause des Ronds, mais dans celle où elle avait pris naissance, c'était au contraire un auxiliaire puissant ; puisqu'en mettant son bras à la disposition des révoltés, Arthur défendait sa propre cause et protégeait celle qu'il aimait.

Lorsque le neveu de Bolwel et ses compagnes arrivèrent à Thuin, la ville était déserte.

C'était un dimanche.

Tout le monde était à l'office divin.

Eh puis, il y avait grande solennité ce jour là, car, Henri de Bouillon, évêque de Liège, était venu dans cette ville, appelé qu'il y fut par la présence des Ronds dans ses états.

C'était un homme d'une grande sagesse que l'évêque de Liège ; aussi n'avait-il pu voir sans verser des larmes, les maux dont la comtesse de Flandre accablait ses sujets du Hainaut. Son premier soin fut donc d'accueillir favorablement les Ronds, qui trouvèrent dans la ville de Thuin aide et protection contre les entreprises des gens de Marguerite. Mais, sitôt que celle-ci eut appris qu'il accordait asile aux révoltés, elle lui fit écrire par le grand-bailli du Hainaut une lettre dont il avait voulu lui-même donner connaissance aux chefs des Ronds.

C'était pour cela qu'en ce jour il officiait pontificalement dans l'église de Thuin.

Arthur et ses compagnes, ne trouvant aucune hôtellerie ouverte, se dirigèrent vers l'église qui était remplie de fidèles et sous le portique de laquelle ils arrivèrent au moment où l'évêque, assis sur son siège épiscopal, allait commencer la lecture de la lettre du grand-bailli.

— Mes frères! dit-il, et vous, plus particulièrement, malheureux habitants du Hainaut, sujets de notre honoré Jean d'Avesnes, écoutez ce que m'écrit la comtesse de Flandre.

Un sourd murmure circula parmi les Ronds réunis dans le temple. Il dura peu, et lorsque le calme fut rétabli, l'évêque lut la lettre.

En voici le texte :

« Au très-révérend père en J.-C. et seigneur
« évêque élu de Liège le bailli du Hainaut, et
« autres conseillers de la très-illustre dame
« Marguerite, comtesse de Flandre et de Hai-
« naut : Salut et humble recommandation.
« Comme depuis longues années, les évêques
« de Liège, par suite de certaines conventions
« amiables, sont tenus d'assister au besoin les
« comtes du Hainant lorsqu'ils en sont requis,
« nous venons de la part de Marguerite, com-
« tesse de Flandre et de Hainaut, vous supplier
« humblement et vous réquérir avec instances
« de vouloir bien proscrire et bannir de votre
« diocèse, grand nombre de malfaiteurs, con-
« jurés, sous le titre de Ronds, et de faire pen-
« dre, décapiter ou rouer selon droit et jus-
« tice, tous ceux qui se trouveront entre vos
« mains. »

— Horreur! s'écria la foule des Ronds. — Horreur!...

— Silence, mes frères! dit l'évêque avec bonté. — Silence! en ce saint lieu!

— Monseigneur! demanda Zacharie, que pourrons-nous espérer?

— Écoutez ma réponse!... dit l'évêque.

Le calme se rétablit et le prélat lut ce qui suit:

« Henri, par la grâce de Dieu, évêque élu de
« Liège et duc de Bouillon, au bailli du Hai-
« naut et autres conseillers de Marguerite,
« comtesse de Flandre : Salut.

« Bien que les évêques de Liège en vertu
« d'une convention amiable, aient des obliga-
« tions à remplir à l'égard des comtes de Hai-
« naut, ils ne sont cependant tenus en rien,
« vis-à-vis de Marguerite de Flandre. Bien
« plus, c'est un devoir pour eux, de lui faire
« injure, chagrin et dommage, parce qu'elle
« est depuis longtemps en possession du Hai-
« naut, sans en avoir prêté hommage à nous
« ou à nos prédécesseurs, malgré les avertisse-
« ments qu'elle a reçus, et nous devons au
« contraire assister et soutenir en toutes choses
« Jean d'Avesnes et ses partisans, parce que
« nous le regardons comme véritable comte
« de Hainaut, et qu'il s'est fidèlement acquitté
« de l'hommage qu'il nous devait pour ce
« comté. Quant à la société dite des Ronds
« que vous nous requérez de poursuivre;
« après avoir fait chercher et examiner par
« nos cours le but de cette société et les actes
« des hommes qui la composent, nous n'avons
« pas jugé que les Ronds fussent dignes de
« mort. En conséquence, comme il a été re-

« connu par nous, que leur conduite jusqu'à
« présent a été bonne et qu'ils ont agi par un
« sentiment de justice, dans l'intérêt de notre
« fidèle Jean d'Avesnes, leur seigneur légitime,
« nous les recevons et continuerons de les rece-
« voir dans notre évêché, jusqu'à ce qu'il nous
« soit parvenu d'autres informations contre
« eux. »

Dès que l'évêque eut fini sa lecture, et malgré la sainteté du lieu, un tonnerre d'applaudissements retentit sous les voûtes de la basilique. Le prélat essaya de contenir les élans de la reconnaissance des Ronds pour la protection qu'il leur accordait, mais cela lui fut impossible, et il dut se résoudre au contraire à se voir porter en triomphe, jusqu'à son logis, par la famille de Gérard, qui ne voulut le quitter que lorsqu'il fut rentré chez lui.

Répandus dans les rues de la ville de Thuin, les Ronds apprirent bientôt le retour de Marthe et de ses filles, ainsi que la présence d'un nouveau chef, héritier du nom et du pouvoir de celui qu'ils avaient accueilli lors de leur levée de boucliers.

Arthur, jeune et beau cavalier, eut bientôt conquis toutes les sympathies des frères de Zacharie et de leurs amis. Fort de l'appui que venait de promettre Henri de Bouillon aux ennemis de la Flandre, le neveu de Bolwel ne douta point qu'il ne pût réunir un assez grand nombre de mécontents, avec lesquels il saurait un jour acquérir, par les armes, le droit au partage des domaines de sa mère, que ses frères ne devaient point manquer de lui refuser ; et guidé par cette ambition naissante, il s'empara dès-lors de tous les moyens qui s'offrirent à lui pour arriver au but qu'il se proposait.

La suite de ce récit dira si les projets d'Arthur ne devaient pas lui susciter de cruels embarras, et si la réussite en était aussi facile qu'il l'espérait.

ANÉANTISSEMENT DES RONDS.

A l'époque où nous sommes arrivés de cette histoire, Marguerite méditait sur un projet de guerre qu'elle se disposait à mettre à exécution contre Guillaume, roi des Romains, et songeait à lui enlever les domaines dont il l'avait dépouillée pour les donner à Jean d'Avesnes. Gui de Dampierre, l'aîné de ses fils depuis la mort de Guillaume; Jean son frère; Thibaut de Guines et le comte de Bar, Godefroi, rassemblèrent à cet effet une armée en Flandre, en France et en Picardie, tandis que de nombreux vaisseaux s'équipèrent dans les ports, afin d'opérer une descente dans les îles de Zélande, qui appartenaient à Jean d'Avesnes et d'où il tirait de puissants et nombreux secours. Si Marguerite pouvait enlever à son fils cet appui, elle le frappait en même temps que l'empereur, car, une fois maîtresse de ces îles, elle pouvait envahir la Hollande et forcer celui-ci d'accepter toutes ses conditions. Malheureusement pour Marguerite, Guillaume, prévenu à temps, envoya son frère Florent en Zélande et manda près de lui Jean d'Avesnes. Les deux princes convoquèrent immédiatement la chevalerie du Hainaut, laquelle se joignit aux troupes nombreuses dont disposait Guillaume, tandis que les Ronds, au nombre de six cents environ, recevaient de sa part Gérard de Jauche et Nicolas de Rumigny, qui venaient leur faire des propositions à cet égard.

Zacharie, ses frères, Marthe, ses deux filles, Arthur et les Ronds étaient réunis dans la cour d'une abbaye voisine de Thuin, lorsque Gérard et Nicolas de Rumigny se présentèrent à eux.

Ces deux personnages furent reçus avec toutes les marques du respect qui leur était dû. Ils ne purent réprimer un mouvement de surprise à la vue de cette agglomération de gens dont les armes et les costumes de formes diverses et de couleurs différentes, offraient un spectacle extraordinaire pour eux. Ils remarquèrent surtout sur la physionomie des Ronds, un caractère guerrier qui prenait sa naissance dans l'audace et le désir de venger une injure, et ils comprirent l'intérêt que pouvaient avoir Jean d'Avesnes et l'évêque de Liège à se débarrasser de ces hôtes dangereux. Ces réflexions faites avec rapidité ne permirent point à Zacharie de placer un mot, et le neveu de Bolwel, qui allait demander à ces hauts personnages le motif de leur visite, en fut empêché lui-même par l'un d'eux qui entama ainsi la conversation.

— Braves gens du Hainaut! dit Gérard de Jauche, nous venons à vous de la part de votre seigneur et Maître, Jean d'Avesnes, qui nous a chargés de vous faire une proposition.

— Laquelle? demanda vivement Arthur, qui venait de prendre le bras de Bathilde.

— La comtesse Marguerite s'occupe du soin de lever une armée considérable, pour s'emparer des îles qui appartiennent à notre honoré seigneur. Justement indigné de la conduite de sa mère envers vous, et certain de trouver ici des sujets dévoués, Jean d'Avesnes nous a chargés de vous demander si vous vouliez vous unir à ses hommes d'armes pour repousser cette agression.

— Messire! répondit Zacharie à Gérard de Jauche, la question est grave et mérite que nous nous consultions : permettez donc que je m'en entende avec mes frères et amis.

— C'est juste! dit le sire de Jauche; nous allons, mon noble ami et moi, attendre chez le prieur que vous ayez pris une détermination.

Les deux seigneurs quittèrent la cour de l'abbaye et gagnèrent le cloître ; tandis que les Ronds entourèrent Arthur et Zacharie, près desquels vinrent se ranger les fils du boucher de Chièvres et leur mère ayant à ses côtés sa fille aînée.

— Amis! dit Arthur à la foule assemblée autour de lui, j'estime que la proposition de Jean d'Avesnes n'est point à dédaigner, d'autant plus que si vous l'abandonnez, il peut être vaincu, et alors vous retomberez dans le vasselage le plus dur et vous serez punis d'avoir généreusement voulu venger la mémoire de Gérard. Mais, parce que vous vous serez éloignés momentanément du Hainaut, il ne faudra point oublier que les vassaux de la comtesse sont vos ennemis et que, si vous revenez, il faudra plus que jamais vous armer pour leur résister. Marguerite peut être digne de quelque pitié. Trop occupée du soin de son gouvernement, et de ses querelles de famille, il se peut que la comtesse de Flandre oublie que la clémence est le plus beau privilége que Dieu ait accordé aux souverains. Ne la maudissons pas, mes amis!... Pardonnons lui! quant à ses vassaux, dont la cruauté se révèle dans tous les actes qu'ils commettent en son nom, n'ayons pour eux aucune pitié et lorsque nous reviendrons, si Dieu le permet, que la chasse recommence.

— Nous le jurons! s'écrièrent ensemble les enfants du boucher de Chièvres et leurs amis.

Arthur, assuré par l'attitude énergique des Ronds qu'ils ne lui feraient point défaut au besoin, alla redire aux envoyés de Jean qu'ils étaient prêts à suivre la bannière des d'Avesnes.

Ils partirent donc sous la conduite de Gérard de Jauche et de Nicolas de Rumigny, qui les menèrent en Hollande, où ces braves et rudes hainuyers continuèrent à se venger des Flamands en défendant la cause de Jean d'Avesnes. Le duc de Brabant, oncle du roi des Romains, aurait désiré que cette querelle pût se terminer par un accommodement. A cet effet, il ménagea une entrevue à Anvers entre les deux partis et l'on y passa trois jours en pourparlers. — Pendant ce temps là, soit malentendu, soit perfidie, les Flamands descendirent en l'île de Valekeren, et ne doutant pas de la victoire, s'avancèrent dans les Mœres et les bancs de sable qui se trouvaient alors autour de West-Kappel, village aujourd'hui englouti par la mer. Mal leur en prit, car Florent de

Hollande marcha bravement à leur rencontre au bruit aigu des cors et des buccines et leur fit éprouver une sanglante défaite.

L'histoire rapporte qu'il y eut là vingt mille hommes de tués, et que les Hollandais et les Zélandais baignaient leurs pieds dans des mares de sang. Grand nombre de braves barons flamands périrent ; entr'autres : Rasse de Grave et Arnold de Materen, et parmi les prisonniers, se trouvèrent Gui et Jean de Dampierre, fils de Marguerite, ainsi que les comtes de Guines et de Bar ; tous chefs de cette malheureuse expédition.

« Hélas ! s'écria la comtesse de Flandre en apprenant ce désastre...! Malheureuse que je suis ! pourquoi donc suis-je venue au monde ? Pour voir la ruine déplorable de mes enfants ! J'ai supporté la mort de mon bien aimé Guillaume, et aujourd'hui mes tristes yeux sont obligés de voir ses frères jetés en prison par leurs ennemis. — Mes autres enfants ont pris les armes contre moi et cherchent à d'échirer le sein qui les a nourris. De tous côtés, je n'aperçois que malheurs ! Que devenir ? que faire ô mon Dieu ! »

Telles furent les paroles par lesquelles Marguerite exprima sa douleur, après le combat de West-Kappel. La comtesse sentait déjà s'appesantir sur elle la main de Dieu, et dès ce jour, elle songea à racheter par des œuvres de charité, les écarts de sa jeunesse et les fautes de son âge mûr.

Quant aux Ronds dont nous avons annoncé le départ pour la Hollande, la plus grande partie périt dans l'expédition, et nous allons, si le lecteur daigne nous y suivre, pénétrer dans le lieu où se sont refugiés les nobles débris de cette petite armée.

LE BATARD.

Trois années après la sanglante journée de West-Kappel, par une soirée froide et brumeuse du mois de Décembre, quatre personnes étaient réunies dans une maison d'assez chétive apparence, située sur la route de Melle à Tournay. Assises autour du foyer où pétillaient quelques racines d'orme, ces quatre personnes gardaient depuis quelques minutes un profond silence, qui n'était interrompu que par le bruit du vent, dont les raffales venaient en mugissant frapper les volets des fenêtres.

Cette réunion était composée de deux femmes et de deux hommes. L'une de ces femmes, vêtue de longs habits de deuil et dont la physionomie exprimait la plus profonde tristesse, avait, enlacé autour du cou, le bras d'une jeune fille de vingt ans, dont les yeux étaient constamment attachés sur elle. Les deux hommes, jeunes et vigoureux cavaliers, paraissaient étrangers à ce petit tableau, et les regards fixés sur la terre, absorbés dans une profonde méditation, ils repoussaient machinalement avec le fourreau de leurs épées les charbons ardents, qui, du foyer, venaient de temps à autre rouler à leurs pieds.

— Quelle horrible tempête! s'écria la plus âgée des femmes, au bruit du vent qui agitait la porte mal close de la maison. Quelle soirée!...

— Elle me rappelle de cruels souvenirs! répondit le plus jeune des cavaliers.

— Hélas! ajouta la femme en essuyant une larme; c'est par un temps semblable qu'ils m'ont ramené morts et mourants, mes cinq fils et ma fille!... Pauvres enfants!

Et des sanglots étouffèrent sa voix et l'empêchèrent de continuer.

— Mère!... Mère!... s'écria le plus âgé des cavaliers, éloignez de vous ces sinistres pensées! Songez à ceux qui restent et priez Dieu pour ceux qui sont morts. Ne vous épuisez pas en regrets stériles, et songez à Bathilde qui a encore besoin de vous; songez à moi, à Michel votre fils, qui mourrait de chagrin si vous veniez à lui manquer.

— Votre fils a raison, dame Marthe, ajouta le second cavalier, qui n'était autre qu'Arthur Bolwel. Conservez-vous pour ceux qui restent. Depuis trois ans, nous donnons nos regrets à ceux que la morts nous a enlevés, mais Dieu veut que la douleur ait son terme, et que le souvenir seul lui succède. Rappelons-nous donc les vertus de nos frères, rappelons-les-nous afin de les imiter; et vous, mère chrétienne, dites, en faisant le sacrifice de vos douleurs: Mon Dieu, que votre volonté soit faite!

— Oui, Messire! vous avez raison! je devrais taire ma douleur; mais, hélas! qui de mes vieux ans aura quelque soin! Michel souffre des blessures qu'il a reçues dans cette journée de malédiction, et qui sait?...... fit Marthe avec hésitation et en jetant sur son fils un triste et langoureux regard. — Puis, elle ajouta au milieu d'un profond soupir : Quant à cette pauvre et innocente jeune fille, n'aurai-je point assez de la préserver des embûches qu'on va tendre sur ses pas?...... et puis-je espérer ?...

— Dame Marthe! répondit Arthur, sans la laisser achever et en prenant la main de Bathilde, qui la lui abandonna sans résistance. — Il est un secret que vous ignorez et que je veux vous dévoiler aujourd'hui même. Aussi bien, nous sommes tous réunis, et tous nous avons besoin d'être là, pour que ce secret ne sorte point de la famille. — Je vous ai déjà fait l'aveu de mon amour pour Bathilde et vous m'avez vu le plus heureux des hommes, le jour où vous m'avez permis de lui dire que je l'aimais, le jour où vous m'avez permis d'espérer que je deviendrais son époux! Eh bien! en présence de vos craintes, à la vue de vos douleurs, ma détermination est prise.

— Laquelle? demanda Marthe avec une inquiète curiosité.

— C'est que, dès demain, je puisse être votre fils! répondit Arthur.

— Demain?... s'écria Bathilde avec joie. — Demain!!!!

— Oui, ma bien-aimée!

— Et ce secret? demanda la jeune fille avec timidité et en baissant les yeux.

— Jusqu'à ce jour, vous avez toujours cru, mes amis, que je n'avais d'autre parent, d'autre famille, que celle de cet homme généreux, qui prit votre défense et auquel je succédai dans le commandement des Ronds.

— C'est vrai! répondit Marthe.

— Vous ne m'avez jamais demandé compte de ces longues absences, après lesquelles je revenais toujours plus triste et plus chagrin ?

— Jamais !

— Vous en connaîtrez bientôt la cause. Quant à présent, je puis vous dire que Jacques Bolwel était en effet mon parent. Il était le frère de mon malheureux père, assassiné traîtreusement, par les ordres d'une personne puissante, que je ne dois pas vous nommer, mais je puis vous assurer qu'un jour je marcherai à l'égal de notre comte et que mon blason, parce qu'il sera barré, n'en aura pas moins que le sien une noble et haute origine.

— Oh ! alors ! s'écria Bathilde avec terreur, alors vous ne pourrez m'épouser.

— Au contraire, ma bien-aimée !... répondit Arthur, en lui serrant affectueusement la main. — Au contraire ! J'ai fait le serment de vous aimer toute la vie, et je jure ici de n'avoir jamais d'autre épouse que vous ! Croyez donc à ma parole, car elle est celle d'un brave et loyal jeune homme. Plus libre de mes actes que messire Jean d'Avesnes, je puis vous offrir ma main et ne rien perdre des droits que la naissance me donne. Ne redoutez donc pas que je fausse mon serment. Une dernière épreuve va être tentée par moi, afin que, publiquement, je puisse avouer mon origine. Si l'épreuve ne réussit point, cet aveu sera fait par moi, devant le prêtre qui nous unira, et le secret vous sera entièrement connu.

— Mais ce que vous allez tenter, messire, sera-t-il dangereux ? demanda vivement Bathilde.

— Non, ma bien-aimée! répondit Arthur. Une entrevue avec le comte de Hainaut... une simple formalité.. et cette formalité remplie, je reviendrai près de vous et le ministre de Dieu bénira notre union.

— Allez donc, messire! dit Marthe, au neveu de Bolwel. — Allez, et revenez au plus vite consoler la pauvre veuve.

Le lendemain du jour où s'était tenue la conversation, que nous venons de rapporter, Arthur, qui avait revêtu ses plus brillants vêtements, le chaperon en tête et l'épée au côté, s'achemina, monté sur un superbe coursier, vers la ville d'Ath, où l'on sait que son oncle avait une maison, laquelle fut donnée au vieux serviteur, par le fiancé de Bathilde, après son retour du château de Guerlaëck.

Mais, avant de pénétrer avec Arthur à Ath, il faut, pour l'intelligence de ce qui va suivre, que nous apprenions au lecteur le motif de ce voyage de notre jeune homme, et comment il espérait trouver Jean d'Avesnes dans cette petite ville du Hainaut.

On a vu le désespoir de Marguerite, en apprenant la captivité de ses fils Cette mère implacable pour ses enfants de Bouchard d'Avesnes, tenta pour tirer Gui et son frère des mains de l'empereur, tous les efforts qui lui furent possibles. Elle alla même jusqu'à vouloir aliéner le Hainaut, en faveur de Louis IX, pour en priver Jean. Mais, le roi de France, vrai type de la justice humaine, refusa cette offre. Charles d'Anjou, son frère, moins scrupuleux, accepta; et tandis que le saint roi était en Palestine, il s'unit à Marguerite, entra dans le Hainaut, assiégea Valenciennes, le château d'Enghien et plusieurs autres places fortes, qui firent pour lui échapper des efforts inouïs. L'empereur, à la vue de cette agression, entra lui-même dans le Hainaut, et força le prince Charles d'Anjou, à quitter le siège de Valenciennes, pour retourner en France. La paix fut alors conclue entre Jean d'Avesnes et ses frères, Guillaume et Gui, lesquels sortirent de leur prison, dès que le traité eut été signé.

Arthur ayant appris la réconciliation de ses frères, ne crut pas devoir attendre plus longtemps, pour leur faire connaître le secret de sa naissance. Sachant qu'ils devaient avoir une entrevue à Ath, il s'était décidé à leur faire parvenir un message, par lequel il priait Jean d'Avesnes, Guillaume et Gui de Dampierre, de vouloir bien se rendre à la maison de Bolwel, ayant, disait-il, à leur communiquer une chose qui les intéressait tous trois.

Les nobles frères hésitèrent un moment à se rendre à l'invitation d'un homme dont le nom ne leur était connu, que comme chef d'une troupe d'aventuriers ; mais, d'un autre côté, la réconciliation des trois frères, n'ayant point encore fait disparaître cette prévention qui les animait autrefois les uns contre les autres, et leur inquiète curiosité étant stimulée par le langage mystérieux du message, ils résolurent d'aller au rendez-vous que leur avait donné Arthur.

Il y avait à peu près une heure que notre jeune homme devisait avec le vieux serviteur de son oncle, lorsque l'escorte des fils de Marguerite parut dans la rue où était située la maison de Bolwel.

Arthur fut quelque peu contrarié de voir ses frères entourés d'une garde aussi nombreuse. Il avait espéré qu'ils viendraient seuls recevoir de lui la confidence qu'il avait à leur faire. Cette circonstance dut apporter quelque modification au plan qu'il avait conçu, et son esprit actif imagina subitement un nouveau moyen d'entrer en matière avec ses illustres visiteurs.

Lorsque ceux-ci eurent fait arrêter devant la porte de la maison, leurs hommes d'armes que suivait une foule nombreuse, le vieux serviteur alla les recevoir et les introduisit auprès du neveu de son maître.

— Messire! dit Jean d'Avesnes en s'adressant à Arthur, qui leur présentait des sièges, vous voyez que malgré le mystère, dont vous vous êtes entouré pour obtenir de nous un rendez-vous, nous n'avons pas hésité à nous y rendre. Veuillez donc nous instruire ; nous écoutons.

Et les trois fils de Marguerite s'étaient assis, le neveu de Bolwel, debout et la tête découverte, répondit :

— Mes seigneurs! il y a, de par le monde, un homme qui suit depuis quelques années, avec un intérêt très-soutenu, les querelles qui ont fait le malheur de votre famille. Cet homme a donc vu avec joie la réconciliation qui vient de s'opérer entre les fils de la noble comtesse de Flandre, et il fait des vœux pour que cette alliance soit durable. Néanmoins, il regrette d'être obligé, lorsque vous venez de vous jurer amitié, de jeter encore parmi vous un brandon de discorde.

— Comment cela? fit Jean d'Avesnes.

— Que voulez-vous dire? ajoutèrent les deux autres frères.

— Daignez m'écouter! fit Arthur. Si j'ai osé présumer que ce que j'ai à vous dire pouvait devenir le sujet de nouvelles querelles entre vous, je désire que vous me le pardonniez, comme je désire m'être trompé.

— Continuez, messire! dit Jean d'Avesnes; continuez.

— Voyez notre impatience! ajouta Gui, les lèvres tremblantes.

— Parlez! parlez! fit d'un ton menaçant Guillaume de Dampierre.

— Prenez-le moins haut! répondit Arthur, d'un ton sec qui fit tressaillir ses trois interlocuteurs.—Remarquez, je vous prie, que vous êtes chez moi, et que je tiens entre mes mains, le secret le plus terrible qu'ait jamais renfermé votre famille!

— Pour Dieu, messire! faite cesser notre supplice! dit d'un ton plus humble Gui de Dampierre.

— C'est ce que je vais faire le plus brièvement possible! répondit Arthur. Je disais donc, que l'homme en question, avait suivi avec beaucoup d'attention les querelles intestines des d'Avesnes et des Dampierre, et que son cœur avait bondi de joie, à la vue de leur réconciliation.

— Quel intérêt l'y portait? demanda Jean.

— Le voici! répondit Arthur. Cet homme eût vu avec peine les fils de Marguerite se jeter les uns sur les autres; cette guerre impie, lui eût fait verser des larmes de sang; car, dans chacun des vaincus, dans chacun de ceux que la mort eut moissonné, il aurait eu à déplorer le trépas d'un frère!

— Un frère? s'écrièrent les trois fils de Marguerite. — Un frère?... ajoutèrent-ils en se regardant tous les trois.

— Mais, de qui parlez-vous donc? demanda Gui.

— D'un de vos frères, dont je suis ici le représentant, répondit Arthur.

— De quel frère? demanda le bouillant Jean d'Avesnes.

— De celui qui, depuis sa naissance, a vécu dans l'obscurité, que sa mère n'a point osé avouer publiquement, et dont le blason, bien que barré, ne lui enlève pas tous ses droits au partage des domaines de Marguerite de Flandre.

— Un bâtard?... s'écrièrent ensemble les fils de la comtesse.

— Oui, mes seigneurs! un bâtard! répondit Arthur, à qui le rouge monta au visage. — mais ce bâtard a entre les mains la preuve écrite par sa mère, qui est la vôtre, de ses droits à sa succession; et c'est pour vous dire qu'il est tout disposé à réclamer sa place au foyer paternel, qu'il m'a dépêché vers cette ville, où il savait que je vous trouverais.

— Tout cela est fabuleux! s'écria Jean d'Avesnes. — Tout cela est mensonge et fausseté!

— Messire! répondit Arthur, que ce démenti exaspéra; plus de ménagement pour une personne que vous ne connaissez pas et dont je suis le représentant! Croyez-vous donc, que je me fusse chargé d'une semblable mission, si je n'avais tenu entre mes mains l'acte dont je vous parle?... Pouvez-vous supposer qu'il y ait au monde un homme assez audacieux, pour venir se heurter, sans preuves, contre votre toute puissance? — Non, mes seigneurs! ajouta Arthur, en s'adressant aux trois fils de Marguerite; celui dont je vous parle et qui m'envoie, n'est point un être imaginaire, il ne fait pas preuve d'audace, et ne demande que sa place au milieu de ses frères.

— Et quelle place veut-il donc qu'on lui fasse, puisque les domaines de la comtesse sont partagés, demanda Gui.

— N'était-ce pas à notre mère de lui désigner cette place? dit Guillaume.

— Et puisqu'elle ne l'a pas fait, ajouta Jean, c'est qu'encore une fois, tout ceci n'est que fable et mensonge.

— Mes seigneurs! fit Arthur en voyant la tournure que prenaient les choses, inutile de vous entretenir plus longtemps de l'objet qui m'avait fait vous réunir ici! — Vous repoussez l'orphelin, le fils de votre mère; tout est dit!

— Ne continuez pas sur ce ton! répondit Jean. Trois fois déjà nous vous avons laissé calomnier celle de qui nous tenons le jour; je vous préviens, que moi, Jean d'Avesnes, comte de Hainaut, souverain de cette terre où nous sommes, je ne le souffrirai pas une quatrième. Si celui dont vous parlez a des droits, qu'il les fasse valoir, qu'il se montre, qu'il se déclare ; et alors......

— Et alors, votre mère, qu'il a fallu flétrir trois fois avant que vous ayez le courage de vous en apercevoir, votre mère sera déshonorée aux yeux de ses sujets. Honnie, chassée peut-être de ce pays de Flandre qui fait sa joie ; elle se verra forcée d'aller chercher un refuge dans quelque cloître obscur ; et cela, parce que vous aurez refusé de recevoir parmi vous, sans bruit, sans éclat, l'homme qui va peut-être vous y forcer l'épée à la main. Libre à vous, mes seigneurs, d'ajouter cette nouvelle souillure à ce nom de d'Avesnes déjà tant souillé, libre à vous de ne point empêcher la guerre impie qui va commencer, et au milieu de laquelle le lion de Flandre peut périr dans une mare de boue et de sang ! Quant à moi, je vais reporter à votre frère ce que vous venez de décider ! Que Dieu vous assiste, mes seigneurs !

En jetant à la face des fils de Marguerite ces paroles menaçantes, Arthur s'était couvert et avait fait un mouvement pour sortir ; mais Jean le saisit par le bras, résolu à vouloir le retenir.

— Halte là ! messire ! dit-il. Nous direz-vous, avant de partir, où se cache ce frère mystérieux dont vous vous faites le défenseur ?

— Que vous importe, puisque vous niez sa naissance ? répondit Arthur. Je vous en prie, laissons ce sujet, et permettez que je vous quitte.

— Nenni, dà ! mon beau cavalier ! dit Guillaume. — Nous ne vous laisserons point partir ainsi, et dussions-nous vous suivre jusqu'au lieu où vous allez sans doute revoir le noble homme qui se dit de notre sang, nous vous y suivrons !

— Quoique ce procédé me semble peu digne des gens de votre sorte, je ne vous en laisserai pas moins passer la fantaisie. Suivez-moi donc, mes seigneurs, si cela vous convient, mais, si vous m'en croyez, vous congédierez votre escorte, car je doute qu'elle puisse nous accompagner jusqu'au lieu où je vais me rendre.

Et sans attendre une réponse des fils de Marguerite, Arthur quitta précipitamment la salle dans laquelle il se trouvait et se rendit à l'écurie où l'attendait son cheval qu'il enfourcha ; il partit accompagné de Jean d'Avesnes et de ses frères qui, après avoir congédié leur escorte, marchèrent sur ses pas dans sa course furibonde.

LA RÉVÉLATION.

Leur obstination à le suivre réjouissait l'âme de notre jeune homme, qui les mena ainsi par monts et par vaux jusqu'à la maison du chemin de Tournay, où ils eurent l'imprudence de le laisser approcher, ne se doutant guère qu'il allait trouver là un ami dévoué.

Sans mettre pied à terre, Arthur jeta un cri qui lui servait autrefois à se faire reconnaître des Ronds, et Michel parut aussitôt sur le seuil de la porte, armé comme il l'était toujours par prudence.

— Qu'est-ce? demanda-t-il en apercevant les trois cavaliers qui suivaient Arthur. — Est-ce qu'on en veut à vos jours?

— Non, mon cher frère! répondit Arthur en descendant de cheval, mais, ces nobles seigneurs ont voulu m'accompagner jusqu'ici pour surprendre un secret que je leur cache, et, bien que cette conduite soit quelque peu blâmable, je les ai laissés faire, ne pouvant seul m'opposer à leur inflexible volonté. Maintenant, mes seigneurs, ajouta-t-il en s'adressant aux trois fils de Marguerite, veuillez descendre de cheval et nous suivre au fond de ce verger, où je vous montrerai celui que vous désirez connaître.

Jean et ses frères se regardèrent avec inquiétude.

Ils comprirent tout ce qu'il y avait eu d'imprudent dans leur démarche, et le désir de pénétrer le mystère qui entourait l'homme dont Arthur leur avait parlé, ayant diminué à mesure que le temps s'était écoulé, ils ne furent point d'avis de suivre le neveu de Bolwel jusqu'au lieu qu'il leur indiquait.

Voyant leur hésitation, Arthur leur fit une nouvelle invitation.

Craignant de passer pour des lâches et pour des couards, les trois fils de Marguerite se décidèrent enfin, attachèrent leurs montures aux arbres du verger et se dirigèrent vers un petit bâtiment situé à l'une de ses extrémités.

Lorsque nos cinq personnages y furent entrés et que le neveu de Bolwel en eut verrouillé la porte, Jean d'Avesnes demanda où était l'homme qu'il devait leur montrer.

— Il est devant vous! c'est moi!... répondit Arthur.

— Vous? s'écrièrent ensemble les fils de Marguerite.

— Vous? dit Jean d'Avesnes. Vous, le chef des Ronds, le neveu de Jacques Bolwel, notre frère?... c'est à en mourir de rire!

— Ne riez pas tant, mes seigneurs, car tout à l'heure cette gaîté pourra bien se changer en douleur, dit Arthur. — Oui, mes seigneurs! ajouta-t-il; le jeune chef de révoltés, le neveu de Bolwel est votre frère! Cela paraît étrange en effet, mais cela est! — écoutez, je vous prie, la lecture du document authentique dont je suis possesseur et que j'ai copié textuellement; ne voulant point me charger d'un dépôt aussi précieux, dans le voyage que je viens d'entreprendre ; ce dont bien m'a pris, je pense.

Les trois frères se regardèrent avec anxiété, tandis qu'Arthur tirait de son sein un parchemin, qu'il déploya et sur lequel il lut :

» Je me confesse à Dieu et aux hommes.

» J'ai péché, et je prie Dieu, les hommes,
» mon époux et mes enfants de me pardonner.

» J'ai commis une faute, mais je veux, au-
» tant qu'il est en mon pouvoir, la réparer.

» A cette fin, je déclare que j'ai mis au
» monde un fils, qui fut baptisé dans la cha-
» pelle Sainte-Marie de Mons, et que ce fils a
» reçu le nom d'Arthur, qui est celui de son
» père, mon serviteur et écuyer, Arthur Bol-
» wel.

» Je veux, je désire et j'ordonne qu'il porte
» le titre de gentilhomme, qu'il marche à l'é-
» gal de mes enfants ses frères, et je regarde-
» rai comme indigne, celui de mes sujets ou
» de mes fils qui lui refuserait ces titres.

» Puissent Dieu, les hommes et ma famille
» me faire grâce et ne point maudire ma mé-
» moire.

» 8me de Juin de l'an de N. S. J. C. 1235.

» Par moi : Marguerite, comtesse de Flan-
» dre et de Hainaut. »

— C'est une infâme calomnie ! s'écria Jean.

— C'est une abominable méchanceté ! dit Guillaume.

— Calomnie et méchanceté qu'il faut punir à l'instant même sur l'imposteur ! ajouta Gui en tirant son épée.

— Il a raison! dirent à leur tour les deux frères en imitant Gui et en faisant briller le fer de leurs armes.

— Par Dieu! je n'en attendais pas moins de vos seigneuries! dit Arthur en se mettant en garde et faisant signe à Michel de l'imiter.- Qu'espérer, du reste, de ceux qui, depuis dix ans, sont armés les uns contre les autres? C'était folie de ma part, que de croire à l'amitié de gens qui n'attendent qu'un moment favorable pour s'entre-détruire. Penser que des frères ennemis pouvaient accueillir parmi eux cet autre fils d'une mère détestée par les uns, méprisée par les autres, c'était bien téméraire! Aussi, mes seigneurs, n'y ai-je jamais bien compté, puisque j'ai eu le soin, comme vous le voyez, de faire appuyer mes prétentions par une bonne et excellente lame. — Allons, très-chers frères! ajouta Arthur d'un air sardonique, jetez-vous sur le bâtard en attendant que vous vous jetiez encore une fois les uns sur les autres;— Vite! fiers enfants de Flandre et de Hainaut, nobles héritiers de Marguerite-la-Noire, de Marguerite-la-Maudite, votre mère et la mienne; faites rentrer dans ma gorge et étouffez dans mon sang le mystère qui nous lie; car je vous jure que si je sors vivant de ces lieux, j'irai demander au monde et à l'opinion publique une place parmi vous!!!

Après ces paroles jetées avec une amère ironie à la face des trois fils de Marguerite, il était évident qu'un combat devait trancher la discussion. Aussi vit-on ces trois derniers se jeter avec fureur sur Arthur et son compagnon, et les serrer de si près qu'on put croire un instant que la victoire allait leur rester.

Mais, il s'en fallait que le neveu de Bolwel et le fils de Gérard Lerond fussent à bout de forces.

L'amour-propre et la haine aidant, le combat devint vif et acharné.

Mille étincelles jaillirent des épées qui se croisèrent en tous sens, et depuis un instant chacun des combattants cherchait de l'œil le lieu où il devait planter son arme, sans qu'aucun d'eux eût encore pu entamer la peau de son adversaire.

Il y eut là un moment de silence solennel et terrible.

Les combattants s'étaient arrêtés.

Chacun d'eux, la poitrine haletante et le visage enflammé de colère, semblait vouloir foudroyer son adversaire.

A ce silence de quelques secondes, succéda le plus terrible choc.

Les épées s'abattirent de nouveau et cette fois le sang coula.

Mais d'aucun côté, la victoire n'avait encore souri.

Guillaume, Jean et Gui, voyant à quels rudes champions ils avaient affaire, redoublant d'efforts pour les réduire, se jetèrent tous les trois avec un tel acharnement sur nos deux jeunes gens, que ceux-ci, malgré leur courage et leur adresse, ne purent tellement parer les coups dirigés sur eux, qu'il ne fût possible à leurs ennemis de leur faire de profondes blessures, desquelles s'échappèrent bientôt des flots de sang.

Le bouillant Guillaume, s'apercevant qu'Arthur, affaibli, ne portait plus que des coups mal assurés, s'attaqua seul à sa personne tandis que ses deux frères s'acharnaient après le pauvre Michel.

Celui-ci, malgré sa force supérieure à celle de ses adversaires, ne put résister longtemps à la fureur avec laquelle ils l'attaquèrent, et en moins de cinq minutes, le dernier fils de Marthe, après avoir fait des prodiges inouïs d'adresse et de force pour se soustraire à leurs coups, accablé, meurtri, harrassé et affaibli par la perte de son sang, succomba sous les efforts que ses ennemis avaient faits pour le tuer.

Ce fut un coup terrible pour le neveu de Bolwel.

En voyant tomber le frère de sa fiancée, Arthur, atterré, ne perdit cependant point courage et semblable au lion blessé par le chasseur et à qui toute retraite est fermée, il s'accula contre la muraille, fit voltiger autour de lui son arme rougie du sang de ses frères ; mais, ainsi que le pauvre Michel, il lui fut impossible de se défendre longtemps, contre trois épées dirigées sur sa poitrine, car son bras fatigué ne frappait plus que des coups mal assurés et sa main tremblante, qui pouvait à peine serrer son glaive, fut bientôt désarmée par un coup que lui porta Guillaume. Deux autre coups assénés par les deux autres frères sur la tête du malheureux, le firent chanceler, puis tourner deux ou trois fois sur lui-même, puis enfin, rouler aux pieds de Gui, lequel lui plongea une dernière fois son épée dans la poitrine.

Un rire atroce s'échappa de la bouche de ces trois assassins.

Mais ils purent encore entendre ces dernières paroles échappées à Arthur, au milieu d'un râle, — peut-être le dernier.

— Meurtriers !... Fratricides !... Dieu vous maudit !...

Les fils de Marguerite sourirent de pitié.

Convaincus d'avoir noyé dans le sang de l'infortuné le terrible secret de leur famille, ils rejoignirent leurs chevaux, montèrent en selle et disparurent satisfaits de leur œuvre abominable.

. . . .

. . . .

. . . .

Six mois plus tard, un prêtre monté sur les marches de l'autel d'une des petites chapelles de la cathédrale de Bruges bénissait l'union de deux jeunes époux.

La fiancée avait nom : Bathilde, fille de Gérard le Rond et de Marthe Péruwelz.

Et lorsque le ministre demanda, pour consacrer le mariage, le nom du fiancé, celui-ci répondit :

— Arthur Bolwel, fils d'Arthur Bolwel, de son vivant, écuyer de très-haute, très-puissante et très-noble dame Marguerite de Constantinople, comtesse de Flandre et de Hainaut.

— Et le nom de votre mère ? demanda le ministre de Dieu.

— Marguerite de Constantinople, comtesse de Flandre et de Hainaut!!!

. . . .

— Non!... Non !... C'est un horrible mensonge!... c'est une infâme et abominable calomnie!!! s'écria Jean d'Avesnes en se dressant sur son séant et en repoussant du pied le vilain petit homme, qui depuis deux heures lui faisait la lecture de cette lamentable histoire.

Ah!... Ah!... Merci! mon Dieu! merci! merci!... ce n'était qu'un rêve! dit Jean d'Avesnes, lorsque ses yeux eurent été ouverts et qu'il put voir les flots de lumière que le soleil levant jetait dans le retrait où était sa couche.

— Encore une fois, merci! mon Dieu! ajouta-t-il. — Et comme un homme qui prend une grande résolution, il ajouta : — Je sais maintenant ce qui me reste à faire. — Le ciel en m'envoyant ce songe, m'avertit de me défier des méchants, et m'ordonne de gouverner ; je punirai les méchants et et je serai le maître dans mon comté. — C'en est fait!... ma résolution est prise! — Mon père, un assassin?... Sa mère, une...... Oh! non! non! Je n'ai pas besoin de défendre mon aïeule: Sa fin a racheté toutes ses fautes ; mais mon père!... Mon père!... Le Hainaut saura bientôt à quel prix j'élève son honneur, et dès demain, je vais m'occuper du soin qu'exige cette grave affaire!...

. . . .

L'histoire atteste que le comte Jean d'Aves-

nes II tint parole. Elle dit : « qu'il signala les
» commencements de son règne par une ac-
» tion des plus singulières et des plus bizarres
» qui fut jamais ; car, après avoir fait faire de
» magnifiques funérailles à la comtesse Mar-
» guerite, pendant lesquels il y eut des illumi-
» nations à Mons pendant trois jours et trois
» nuits, il fit exhumer son père gisant en la
» collégiale de Leuze depuis 22 ans et le con-
» duisit par toutes les villes du Hainaut pour
» le faire reconnaître comte et souverain. La
» cérémonie commença par la ville de Mons,
» où les habitants de cette ville se distinguè-
» rent. Dès que Jean II avec le cercueil de
» son père, fut à certaine distance, les éche-
» vins et les bourgeois sortirent de la ville,
» tenant un flambeau d'une main et de l'autre
» une épée, remplissant l'air de mille cris de
» joie et proclamant le père et le fils comtes
» de Hainaut.

» Ils se rendirent processionnellement
» en l'église de Sainte-Waudru, où l'on
» fit les obsèques de Jean 1er comme s'il ne
» fût mort que du jour précédent. De Mons,
» on transporta le cadavre dans toutes les bon-
» nes villes où l'on fit les mêmes cérémonies.
» Finalement, on le conduisit à Valenciennes
» pour y être inhumé dans l'église des Domini-
» cains. Ce fut ainsi que Jean réhabilita la mé-
» moire de son père, dont la légitimité semblait
» encore contesté par les Dampierre, et qui fit
» revivre ses prétentions sur la Flandre im-
» périale, auxquelles Jean son père n'avait

» renoncé que, quand destitué de tout appui,
» il s'était vu à la merci de saint Louis (1).

---

(1) L'abbé Hossart : *Histoire ecclésiastique et profane du Hainaut* (Mons 1792).

FIN.

TABLE.

1re PARTIE.

La bataille de Bouvines. . . . . . Page.	1
Le bois des Roches	19
L'abbaye de Loos	40
La maison de la porte de Fives.	53
L'usurpateur.	70
La rue des Foulons.	87
Le château de Cysoing.	101
Meurtre et sacrilège.	116
Un miracle.	141

2e PARTIE.

Le songe de Jean d'Avesnes	161
Le meurtre	173
L'agent provocateur	180
La sédition.—Naissance de la faction des Ronds du Hainaut.	188
L'orgie.	195
Un mystère.	205
Marguerite de Constantinople au château de Guerlaeck	212
La voix du sang.	232
L'évêque de Liège	242
Annéantissement des Ronds	256
Le bâtard.	262
La révélation.	274

FIN DE LA TABLE.

Wazemmes. Imp. de Horemans.

Librairie de HOREMANS, Imprimeur et Lithographe,
Rue de Lille, 130, à WAZEMMES.

OUVRAGES DE M. DAUTREVAUX

TIRÉS A PETIT NOMBRE ET DONT IL RESTE PEU D'EXEMPLAIRES.

CHRONIQUES

Populaires, Surnaturelles, Dramatiques et Religieuses

DE LA FLANDRE.

LES CONFESSIONS

DU

DERNIER SEPTEMBRISEUR.

PHILIPPE DE FLANDRE

ET

SIMÉON LE PASTOUREAU.

BONNETS ROUGES

ET

MASQUES NOIRS,

Correspondance et Histoire de deux Emigrés.

www.ingramcontent.com/pod-product-compliance
Lightning Source LLC
Chambersburg PA
CBHW071132160426
43196CB00011B/1871